말이 되는

!문법

RAMMAR TRAINING

트레이닝

말이 되는 영문법 트레이닝

지은이 박종원
펴낸이 정규도
펴낸곳 (주)다락원

초판 1쇄 발행 2019년 4월 5일
2쇄 발행 2023년 9월 25일

책임편집 김은혜
디자인 All Contents Group

DARAKWON 경기도 파주시 문발로 211
내용문의 (02) 736-2031 내선 522
구입문의 (02) 736-2031 내선 250~251
Fax (02) 732-2037
출판 등록 1977년 9월 16일 제406-2008-000007호

ISBN 978-89-277-0111-8 13740

http://www.darakwon.co.kr
다락원 홈페이지를 방문하시면 상세한 출판정보와 함께 동영상강좌, MP3 자료 등 여러 도서의 다양한 어학 정보를 얻으실 수 있습니다.

말이 되는

영문법
EASY GRAMMAR TRAINING
트레이닝

박종원 지음

DARAKWON

세상에
암기가 필요 없는 영문법은 없습니다

많은 문법 교재가 '암기할 필요 없이 재미있게 배우는 영문법'이라고 홍보합니다. 과연 그런 책이 정말 있을까요? 만화나 이미지, 혹은 다양한 방식으로 설명을 해도 좀처럼 문법에 흥미를 갖기는 쉽지 않습니다. 문법은 이해와 암기 없이는 절대 실력을 향상시킬 수 없는, 인내와 끈기가 필요한 분야이기 때문입니다. 암기할 건 암기하고, 동시에 이해도 해야 영어 실력이 쌓입니다. 이 과정을 두려워하지 마세요. 이 두 가지를 잡는 '효율적인 방법'도 있으니까요.

가장 빠르고 효율적인 문법 학습법은 바로 문장을 직접 만들면서 배우는 것입니다. 이렇게 하면 막연하고 어렵기만 했던 문법이 점점 이해되기 시작합니다. 영어의 원리를 깨닫게 되면서 문법을 배우는 재미를 느끼는 것이죠. 이것은 결국 사람이 처음 말을 배우는 원리와 같습니다.

저는 비효율적인 영어 학습법과 교육시스템 때문에 막대한 비용과 시간이 낭비되는 현실을 늘 안타깝게 생각해왔습니다. 저 역시 기존의 학습법 때문에 시간 낭비를 한 경험이 있기 때문이죠. 이런 경험을 통해 제가 느낀 문제점을 수정한 영어 학습법을 개발하고 그 이론을 학생들에게 강의하게 되었습니다. 수강생들이 점차 영어에 흥미를 느끼고 영어를 알 것 같다고 말할 때 참으로 보람을 느낍니다. 그리고 이 학습 방법으로 더 많은 사람들이 영어 공부에 드는 시간과 돈을 아끼게 되길 소망합니다.

마지막으로 이 책을 출간해 주신 다락원 관계자 분들께 감사를 드립니다.

저자 박종원

이렇게 활용하세요

1
그래머 브리핑
문법 내용을 카드처럼 정리했습니다.
급할 땐 핵심 내용만 쏙쏙 골라보세요!

2
앵무새 트레이닝
실전에서도 통하는 진짜 예문을
소리 내어 읽으면 말문도 문법도 트입니다!

3
말 바꾸기 트레이닝
QR 코드를 찍으면
한국어 해석을 읽어 주는 음성이 나옵니다.
듣고 곧장 영어로 말해 보세요.
실력이 붙으면, 영작도 해 보세요.

4
문법 트이는 MP3

본문 훈련용
본문에 수록된 예문을 원어민이
정확한 발음으로 녹음했습니다.

스피킹 연습용
한국어-영어 사이에 간격이 있으니,
영어로 말하고 확인해 보세요.

QR 코드를 찍어 바로 듣거나
다락원 홈페이지에서 무료로
다운로드할 수 있습니다.

Q. 이 책, 어떻게 다른가요?

A.

말이 되는 순서대로 배웁니다.

이 책은 말이 되는 순서대로 배웁니다. 기존의 영문법 교재들은 문장 형식을 배우고 난 후 바로 시제로 넘어가는 식으로 학습 단계를 건너뛰는 구성이 많았습니다. 즉, 실제로 쓰는 문장을 만드는 순서와는 동떨어지게 문법 개념을 나열했던 것이죠. 그러나 이렇게 '시제'라는 카테고리로 관련 내용을 암기하면 실전에서 활용하기가 어렵습니다. 현재와 과거를 제외한 진행형과 현재완료, 미래 등의 시제는 조동사와 분사를 알고 배워야 이해가 쉽기 때문이죠. 예문 역시 배운 문법 수준을 뛰어넘는 것은 좋지 않습니다. 가령, 부정사를 설명하는 예문에 배운 적 없는 수동태나 조동사, 접속사가 들어가면 단계를 역행하게 되니까요. 문법을 이렇게 공부하면 간단한 영어 문장을 만들기도 어렵고 금방 영어에 흥미를 잃게 됩니다.

모든 학습이 그렇듯이 문법도 **쉬운 하위 개념에서 어려운 상위 개념 순으로 단계적으로** 배워야 가장 효과적입니다. 이 책에는 문법 본연의 기능인 단어를 붙여 문장을 만드는 방법을 단계적으로 담았습니다. 즉, 이 책은 제목처럼 '말이 되는' 순서를 따라갑니다. 이렇게 공부하면 실력이 붙는 속도부터 다릅니다.

또한 말이 되는 순서를 동사 위주로 공부하는 것이 가장 좋습니다. 하위에서 상위 개념으로 단계적인 학습을 할 때 가장 중요한 요소는 바로 동사이기 때문입니다. 문형을 만드는 동사를 먼저 배우고 이후 동사를 도와주는 조동사, 문장에 동사를 붙여주는 부정사, 동명사, 분사 순으로 알아 가는 것이 가장 체계적이고 좋은 학습 방법입니다.

언어는 소통을 위한 것입니다. 영어도 마찬가지죠. 그러니 문법 또한 문장을 만드는 도구라고 생각하고 접근해야 합니다. 문법 내용만 달달 외운다고 문장을 만드는 능력이 생기는 게 아닙니다. 문장을 만드는 능력을 키우려면 영작을 많이 해야 합니다. 영작을 하면 문장을 만드는 원리를 이해하게 되고 문법의 필요성도 깨닫게 됩니다. 영작이 부담스러운 분들은 이 책의 〈말 바꾸기 트레이닝〉부터 시작하세요. 랜덤으로 제공되는 한국어 해석을 듣고 배운 예문을 말해 보는 훈련입니다. 이 훈련이 익숙해지면 해석을 보고 영작해 보는 훈련으로 변형해서 복습하세요.

Q. 이 정도만 공부해도 될까요?

A.

물론입니다.

모든 문법 개념을 다 배운다는 건 어렵고, 또 필수적인 것도 아닙니다. 기본 뼈대가 되는 핵심 문법을 이해하는 게 중요하죠. 그래서 이 책에는 꼭 필요한 문법만 모아 학습 부담을 줄였습니다. 또 실전에서 바로 활용할 수 있는 예문에는 핵심 내용이 고스란히 담겨 있습니다.

문장 구성력이 생기면 영어로 대화를 할 수 있으니 언어를 배우는 재미가 생깁니다. 학생뿐 아니라 성인들도 곧장 효과를 느낄 수 있어야 흥미를 가지고 오래 영어 공부를 할 수 있습니다. 조금씩 문법 지식이 늘면 문장이 길어지고 더 구체적인 표현이 가능해집니다.

Q. 문법 용어를 외워야 할까요?

A.

기본 용어를 확실히 익히세요.

문법 용어를 낯설고 어려워하는 학습자들이 많습니다. 사실 명사, 동사, 형용사, 부사, 접속사 등의 품사와 주어, 목적어, 보어 등의 문장 성분만 잘 알아두면 이 내용이 반복되기 때문에 생각보다 어렵지 않습니다.

부사를 알면 부사절 접속사, 관계부사, 부정사의 부사적 용법, 부사구, 부사절, 의문부사까지 쉽게 이해할 수 있지요. 다만 1형식, 2형식… 안은절, 안긴절 등과 같은 불필요한 문법용어는 학습에 부담이 되므로 기초 학습자들은 이런 내용은 뒤로 밀어놓아도 좋습니다.

Unit 1
'주어+동사' 이해

Unit 2 동사의 변신과 조동사

Unit 3 문장 연결과 비교 표현

Unit
1

'주어+동사'
이해

01 동사의 종류 ①

자동사

그래머
브리핑

문장은 기본적으로 [주어+동사]를 중심으로 이루어진 단어의 조합으로 마지막에 마침표를
찍어서 완성합니다. 문장에서는 동사가 가장 중요합니다. 동사에 따라 뒤에 이어질 목적어
나 보어 등의 문장성분도 결정되기 때문입니다.

'~은, 는, 이, 가'로 해석되는 문장의 주체를 '주어'라고 합니다. 주어 다음에는 '~하다'라는 서
술어 역할을 하는 동사가 와서 문장이 완성됩니다. 이 경우처럼 '~을, 를'로 해석되는 목적어
가 필요 없는 동사를 '자동사'라고 합니다. 자동사는 목적어 없이 혼자(自: 스스로 자) 쓰이는
동사를 말합니다.

목적어 없이 쓴다, 자동사

주어+자동사

I walk.

나는 걷는다.

위 예문을 봅시다. 어디로 걷는지는 몰라도 일단 말은 되지요? 이것만으로도 완전한 문장입
니다. 이렇게 주어와 자동사로 이루어진 문장의 내용을 더 늘리고자 할 때는 to(~로), at(~
에), in(~안에) 등의 전치사 뒤에 명사를 쓰면 됩니다. 전치사는 문장에 명사를 붙이는 접착
제 역할을 하며 명사의 의미를 더 명확하게 설명해 줍니다. 아래 문장을 전치사 to 없이 walk
school이라고 하면 한국어로는 '학교 걸어가다'라고 하는 것처럼 어색한 말이 되고 맙니다.

[전치사+명사]로 문장 늘리기

주어+자동사+전치사+명사

I walk to school.

나는 학교에 걸어간다.

I drive **to work.** ✔ ○ ○

I jog for an hour a day. ○ ○ ○

I live with my family. ○ ○ ○

I live near the subway station. ○ ○ ○

난 운전해서 회사에 간다.
난 하루에 한 시간 조깅을 해.
난 가족과 함께 살아.
난 지하철역 근처에 살아.

I go **to bed at 11 o'clock.** ○ ○ ○

I get up at 7 o'clock in the morning. ○ ○ ○

I work at the restaurant as a part-timer. ○ ○ ○

I go to work by subway. ○ ○ ○

난 11시에 자러 가.
난 아침 7시에 일어나.
난 식당에서 파트타이머로 일해.
난 지하철로 출근해.

I swim **in the ocean in summer.** ○ ○ ○

I drink with my team members after work. ○ ○ ○

I talk with her on the phone everyday. ○ ○ ○

I sleep with my dog. ○ ○ ○

난 여름에 바다에서 수영을 해.
난 퇴근 후에 팀원들과 술을 마셔.
난 매일 그녀와 전화로 대화를 해.
난 우리 개랑 함께 잔다.

01 난 여름에 바다에서 수영을 해.

_ _____ the ocean in summer.

02 난 하루에 한 시간 조깅을 해.

I ____ __ an hour a day.

03 난 매일 그녀와 전화로 대화를 해.

I ___ ___ ___ on the phone everyday.

04 난 지하철로 출근해.

I ___ work by subway.

05 난 지하철역 근처에 살아.

I ___ _____ the subway station.

06 난 운전해서 회사에 간다.

I _____ __ ___.

07 난 아침 7시에 일어나.

_ ___ __ at 7 o'clock in the morning.

동사의 종류 ②
타동사

그래머
브리핑

'~을 하다'로 해석되는 타동사는 자동사와 달리 뒤에 목적어를 필요로 하기 때문에 [주어+동사+목적어] 형태로 써야 완전한 문장이 됩니다. 이렇게 문장 형태를 갖춘 후에는 자동사와 마찬가지로 뒤에 [전치사+명사]로 말을 길게 이어 갈 수 있습니다.

목적어가 필요하다, 타동사

주어+타동사+목적어

They **eat lunch** at 12 o'clock.

완벽한 문장 ↙

그들은 12시에 점심을 먹는다.

목적어는 보통 타동사 바로 뒤에 오면서 '~을, 를'로 해석되는 명사를 말합니다. lunch는 '점심'이라는 뜻의 단어로, 위의 문장에서 타동사 eat 뒤에 나와 '점심을'이라는 뜻의 목적어가 되었습니다.

그렇다면 자동사와 타동사, 어떻게 구분해야 할까요? 사실 자동사 타동사를 구분하는 것은 쉽지 않습니다. 대부분의 동사는 자/타동사 둘 다로 쓰이며 그때마다 뜻이 달라질 수도 있기 때문입니다. 일단은 목적어를 가지면 타동사, 목적어가 없으면 자동사라고 생각하세요.

대부분의 동사는 자/타동사

The door **opened.**
문이 열렸다. → 자동사

I **opened** the door.
나는 문을 열었다. → 타동사

I eat breakfast at 7 o'clock. ✔ ○ ○

I wash my hair everyday. ○ ○ ○

I set the alarm for 6 o'clock. * ○ ○ ○

I clean my room on the weekend. ○ ○ ○

* set the alarm 알람을 설정하다

난 7시에 아침을 먹어.
난 매일 머리를 감아.
난 알람을 6시로 맞춰.
난 주말에 내 방 청소를 해.

I wear formal clothes at work. * ○ ○ ○

I eat lunch at the restaurant near my office. ○ ○ ○

I have five members in my family. ○ ○ ○

I have an important meeting this afternoon. ○ ○ ○

* formal 격식을 차린

난 직장에서 정장을 입어.
난 회사 근처에 있는 식당에서 점심을 먹어.
우리 가족은 다섯 명이야.
나 오늘 오후에 중요한 미팅이 있어.

I spend the weekend with my family. ○ ○ ○

I watch a movie with her on the weekend. ○ ○ ○

I play games with my smart phone in my free time. ○ ○ ○

I play soccer with my friends after school. ○ ○ ○

난 가족과 함께 주말을 보내.
난 주말에 그녀와 영화를 봐.
난 쉬는 시간에 스마트폰으로 게임을 해.
난 방과 후에 친구들과 축구를 해.

01 난 가족과 함께 주말을 보내.

_ _____ the weekend ____ __ _____.

02 난 매일 머리를 감아.

I ____ __ ____ everyday.

03 난 직장에서 정장을 입어.

I ____ _____ _____ at work.

04 우리 가족은 다섯 명이야.

I ____ _____ _____ in my family.

05 난 알람을 6시로 맞춰.

I ___ the _____ for 6 o'clock.

06 난 주말에 그녀와 영화를 봐.

_ _____ a movie _____ ___ __ ___ _____.

07 난 주말에 내 방 청소를 해.

_ _____ __ ____ on the weekend.

03 부사 이해하기

부사의 역할

그래머
브리핑

부사는 '부차적인 품사'라는 이름처럼 문장에서 없어도 되는 요소입니다. 다만 부사를 쓰면 문장의 의미나 말하는 의도, 감정을 더 확실히 표현할 수 있죠. 대표적인 부사로는 very(매우), much(많이), well(잘), early(일찍), late(늦게), quickly(빨리) 등이 있습니다.

부사 활용 : 동사/형용사 수식

동사 수식	**I get up late.**
	나는 늦게 일어난다.
형용사 수식	**The baby is very cute.**
	그 아기는 매우 귀엽다.

부사는 보통 동사나 형용사를 수식하며 동사 뒤에 옵니다. 또 다른 부사나 문장 전체를 수식하기도 하죠. 문장 전체를 수식할 때는 문장 맨 앞에 위치합니다. 즉, 부사는 명사를 제외한 모든 품사를 수식할 수 있으며 문장에서 여러 역할을 하지만 문장의 필수 요소는 아니므로 생략할 수도 있습니다.

부사 활용 : 부사/문장 수식

→ 둘 다 부사

부사 수식	**They play the violin very well.**
	그들은 바이올린을 매우 잘 켠다.
문장 수식	**Unfortunately,** he failed the test.
	안타깝게도 그는 시험에 떨어졌다.

I come here every Friday. *   ✔ ○ ○

I get up early in the morning.   ○ ○ ○
I watch TV late at night on Saturday.   ○ ○ ○
I go there by car.   ○ ○ ○

* every 모든, 매

난 금요일마다 여기에 와.
난 아침에 일찍 일어나.
난 토요일에는 밤 늦게까지 TV를 봐.
난 거기에 차로 가.

I drive very carefully in the rain.   ○ ○ ○

Actually, I live apart from my family.   ○ ○ ○
I sweat a lot in summer.   ○ ○ ○
This jacket fits me perfectly. *   ○ ○ ○

* fit 잘 맞다

난 비가 오면 아주 조심히 운전해.
사실, 난 가족과 떨어져 살아.
난 여름에 땀을 많이 흘려.
이 재킷은 나한테 완벽하게 맞네.

I get along well with my friends. *   ○ ○ ○

I live alone in a studio apartment in Seoul. *   ○ ○ ○
Mostly, I shop at a department store.   ○ ○ ○
I like Mexican food very much.   ○ ○ ○

* get along with ~와 잘 지내다
studio apartment 방이 하나인 집

난 친구들과 잘 지내.
난 서울에 있는 원룸에서 혼자 살아.
난 주로 백화점에서 쇼핑을 해.
난 멕시코 음식을 아주 많이 좋아해.

01 난 거기에 차로 가.

___ __ _____ by car.

02 난 비가 오면 아주 조심히 운전해.

I _____ ____ _____ in the rain.

03 난 친구들과 잘 지내.

___ __ _____ ____ with my friends.

04 난 금요일마다 여기에 와.

I come ____ _____ _____.

05 난 여름에 땀을 많이 흘려.

I _____ _ ___ in summer.

06 이 재킷은 나한테 완벽하게 맞네.

This jacket ___ me _____.

07 난 멕시코 음식을 아주 많이 좋아해.

_ ____ Mexican food _____ __.

빈도를 나타내는 부사

그래머 브리핑

자주, 항상, 가끔, 때때로 등 빈도나 횟수를 나타내는 부사를 '빈도부사'라고 합니다. 즉, 어떤 행동이나 현상이 얼마나 자주 일어나는지를 나타내는 부사를 말하죠. 얼마나 자주인지 순서대로 나열하면 아래와 같습니다.

빈도부사

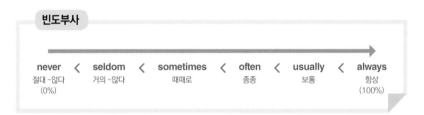

never	<	seldom	<	sometimes	<	often	<	usually	<	always
절대 ~않다 (0%)		거의 ~않다		때때로		종종		보통		항상 (100%)

빈도부사는 대체로 일반동사의 앞, be동사나 조동사 뒤에 옵니다. 참고로 '때때로, 가끔'이라는 뜻의 부사 sometimes는 문장 맨 앞이나 뒤에 오기도 합니다. sometimes 외에도 often, usually 등의 빈도부사 역시 점점 문장에서 여러 위치에 자유롭게 쓰는 추세입니다.

빈도부사의 위치

빈도부사+일반동사	I **often** go there by car. 나는 종종 거기에 차를 타고 간다.
(be동사/조동사)+빈도부사	I am **always** with you. 나는 항상 너와 함께 있을 거야. I will **always** remember you. 나는 항상 널 기억할 거야.
자유분방한 sometimes	**Sometimes**, she is late for school. 그녀는 종종 학교에 지각한다. I skip breakfast **sometimes**. 난 종종 아침을 거른다.

I usually take a walk after lunch. ✔ ○ ○

I usually eat out twice a month. ○ ○ ○
I usually hang out with my friends in my free time. * ○ ○ ○
I usually buy clothes at a department store. ○ ○ ○

*hang out with ~와 어울리다

난 보통 점심 식사 후에 산책을 해.
난 보통 한 달에 두 번은 외식을 해.
난 시간 날 때 보통 친구들과 놀아.
난 보통 백화점에서 옷을 사.

I often take her to the school. ○ ○ ○

I often go to the park and get some fresh air. ○ ○ ○
I often order in some food at this hour. * ○ ○ ○
I often ride a bike along the river side. * ○ ○ ○

*order in (음식을) 배달시키다
along ~을 따라

난 종종 그녀를 학교에 데려다줘.
난 종종 공원에 가서 바람을 쐬는 편이야.
난 종종 이 시간대에 음식을 배달시켜.
난 종종 강변을 따라 자전거를 타.

I sometimes do the housework for my family. * ○ ○ ○

I sometimes set the table and wash the dishes after a meal. ○ ○ ○
Sometimes, I visit a famous restaurant on the Internet. ○ ○ ○
Sometimes, I take out the trash can. ○ ○ ○

*housework 집안일

때때로, 난 가족을 위해 집안일을 해.
때때로, 난 상을 차리고 식사 후에 설거지를 해.
때때로, 난 인터넷에서 유명한 식당을 찾아가.
때때로, 난 쓰레기통을 내다 놔.

01 난 종종 강변을 따라 자전거를 타.

_ ____ ___ a bike along the river side.

02 난 보통 점심 식사 후에 산책을 해.

I _____ ____ a walk after lunch.

03 난 종종 이 시간대에 음식을 배달시켜.

_ ____ _____ in some food at this hour.

04 때때로, 난 쓰레기통을 내다 놔.

_____ _ ___ __ the trash can.

05 난 보통 백화점에서 옷을 사.

I _____ ___ _____ at a department store.

06 난 종종 그녀를 학교에 데려다줘.

_ ____ ___ __ __ the school.

07 난 보통 한 달에 두 번은 외식을 해.

I _____ ___ ___ a month.

일반동사의 시제 ①

현재

그래머
브리핑

1인칭은 나(I), 그리고 나를 포함한 우리(we)를 뜻합니다. 2인칭은 마주 보고 있는 상대방인 너(you) 또는 너희들(you)을 말하죠. 이런 나/우리/너/너희들을 제외한 나머지 모든 것을 3인칭이라고 합니다. 따라서 그(he), 그녀(she), 그것(it), 그들(they)로 바꿔 쓸 수 있는 모든 명사는 3인칭에 해당됩니다. 주어가 3인칭 단수이고 문장의 시제가 현재일 경우 일반동사는 끝에 -s를 붙여야 합니다. 대부분의 동사는 끝에 -s를 붙이면 되지만, 몇 가지 예외가 있으니 확인해 볼까요.

주어 - 동사 수일치

	변환 방법	예시
대부분의 동사	단어 끝에 -s를 붙임	runs, walks, drops, brings…
s, ch, sh, x, o로 끝나는 동사	-es를 붙임	crosses, teaches, does, goes
단모음+자음+y로 끝나는 동사	y를 i로 바꾸고 -es를 붙임	study+es → studies, hurry+es → hurries

한국어에서 현재시제는 '지금 일어나는 상황'을 뜻하지만 영어에서는 반복되는 동작, 습관, 불변의 진리 등을 나타내기도 합니다. 가령, '그는 아침에 일찍 일어난다'처럼 평소 습관을 얘기할 때 현재시제로 말합니다.

반복/습관/진리 → 현재시제

He eats breakfast at 8 o'clock.

그는 아침을 8시에 먹는다. (습관)

He has two older sisters. ✔ ○ ○

He often shops on the Internet. ○ ○ ○

He usually wears casual clothes at home. ○ ○ ○

He goes to a gym at least three times a week. * ○ ○ ○

* gym 체육관

그는 누나가 2명 있다.
그는 종종 인터넷 쇼핑을 해.
그는 보통 집에서 편한 옷을 입어.
그는 적어도 일주일에 3번은 헬스장에 간다.

She takes good care of us. * ○ ○ ○

She often makes a presentation in front of people. * ○ ○ ○

She always says hello to others first. ○ ○ ○

She often drinks coffee at the coffee shop. ○ ○ ○

* take care of ~를 돌보다
make a presentation 발표를 하다

그녀는 우리를 잘 챙겨 줘.
그녀는 종종 사람들 앞에서 발표를 한다.
그녀는 항상 남들에게 먼저 인사를 해.
그녀는 종종 카페에서 커피를 마셔.

He often argues with his wife. * ○ ○ ○

My father works at a construction company. ○ ○ ○

She always carries around an umbrella. ○ ○ ○

My mother worries about me all the time. ○ ○ ○

* argue 말다툼을 하다

그는 종종 아내와 실랑이를 벌인다.
우리 아빠는 건축 회사에서 일하셔.
그녀는 항상 우산을 가지고 다닌다.
우리 엄마는 항상 나를 걱정하셔.

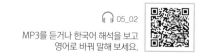
01 그는 종종 인터넷 쇼핑을 해.

He often _____ on the Internet.

02 그녀는 우리를 잘 챙겨 줘.

She _____ _____ _____ __ us.

03 그는 보통 집에서 편한 옷을 입어.

He _____ _____ casual clothes at home.

04 그는 누나가 2명 있다.

__ ___ ___ ____ sisters.

05 그녀는 항상 우산을 가지고 다닌다.

She always _____ _____ an umbrella.

06 그녀는 항상 남들에게 먼저 인사를 해.

She always _____ _____ __ others first.

07 그는 종종 아내와 실랑이를 벌인다.

___ _____ _____ ____ his wife.

06 일반동사의 시제 ②
과거

영어에서 과거에 일어난 동작이나 상태를 나타낼 때에는 동사의 형태를 바꿉니다. 대부분의 동사는 단어 끝에 -ed를 붙입니다. 그 외에 몇 가지 예외적 경우와 go – went, come – came, have – had, eat – ate, get – got, take – took처럼 형태가 달라지는 불규칙동사도 있습니

일반동사의 규칙 변화

	변환 방법	예시	
대부분의 동사	끝에 - **ed** 붙이기	watch - watch**ed**	ask - ask**ed**
-e로 끝나는 동사	e 뒤에 **d**만 붙임	change - change**d**	like - like**d**
-y로 끝나는 동사	자음+y: y를 I로 고치고 - **ed**	study - stud**ied**	try - tr**ied**
	모음+y: 끝에 - **ed** 붙이기	enjoy - enjoy**ed**	play - play**ed**
단모음+단자음 동사	끝 글자 하나 더 쓰고 - **ed**	prefer - prefer**red**	shop - shop**ped**

과거시제는 과거에 끝난 일에만 씁니다. 즉, 과거시제로 쓴 문장은 현재에도 그런 상황인지는 알 수 없는 것이죠. 대개 지금은 그렇지 않다는 뉘앙스가 있습니다. 과거부터 현재까지 이어지는 상황/상태는 현재완료로 표현합니다. 현재완료에 대한 내용은 116p를 참고하세요.

과거의 일 ➡ 과거시제

↗ 지금까지 괌에 있는 지는 알 수 없음
I went to Guam last month.
난 지난달에 괌에 갔었다.

She paid 100,000 won for the jacket. ✔ ○ ○

I bought this computer on the Internet. ○ ○ ○

We really had a good time in Guam. ○ ○ ○

I watched TV late last night. ○ ○ ○

그녀는 그 재킷 값으로 10만 원을 냈다.
난 이 컴퓨터를 인터넷에서 샀어.
우리는 괌에서 정말 즐거운 시간을 보냈어.
난 어제 밤늦게까지 TV를 봤어.

We ate bread for breakfast this morning. ○ ○ ○

I woke up in the middle of night because of a bad dream. ○ ○ ○

I met my friend at the bookstore near the subway station. ○ ○ ○

I drove there with the help of my cell phone GPS. ○ ○ ○

우리는 오늘 아침식사로 빵을 먹었어.
난 악몽 때문에 한밤중에 잠에서 깼어.
난 지하철역 근처에 있는 서점에서 친구를 만났어.
난 휴대폰 네비게이션의 도움을 받으며 운전해서 거기에 갔어.

I got up late this morning, so I took a taxi. ○ ○ ○

I lived in Incheon five years ago but I live in Suwon now. ○ ○ ○

I usually go to work by car but today I went to work by bus. ○ ○ ○

We took pictures of the flowers in the field. ○ ○ ○

난 오늘 아침 늦게 일어나서 택시를 탔어.
난 5년 전에는 인천에서 살았지만 지금은 수원에서 살아.
난 보통 차로 출근하지만 오늘은 버스를 타고 출근했어.
우리는 들판에서 꽃 사진을 찍었다.

01 우리는 들판에서 꽃 사진을 찍었다.

___ ___ ___ of the flowers in the field.

02 난 이 컴퓨터를 인터넷에서 샀어.

I _____ this computer on the Internet.

03 난 어제 밤늦게까지 TV를 봤어.

I _____ ___ ___ last night.

04 그녀는 그 재킷 값으로 10만 원을 냈다.

___ ___ 100,000 won for the jacket.

05 우리는 오늘 아침식사로 빵을 먹었어.

We ___ _____ for breakfast this morning.

06 난 오늘 아침 늦게 일어나서 택시를 탔어.

I ___ ___ ___ ___ _____ , so I took a taxi.

07 우리는 괌에서 정말 즐거운 시간을 보냈어.

We really ___ ___ _____ in Guam.

07 일반동사의 문형 ①

부정문/부가의문문

일반동사의 현재시제 부정문은 [do not+동사원형]의 형태로 표현합니다. 단, 3인칭 단수
주어를 쓸 때만 예외적으로 [does not+동사원형]이 됩니다. 보통 don't 이나 doesn't으로
줄여 말하죠. 여기서 일반동사는 be동사와 조동사를 제외한 모든 동사로, 일반적인 동작을
나타내는 dance(춤추다), jump(뛰다), run(달리다), eat(먹다) 등을 말합니다.

일반동사 현재시제 부정

주어	부정
I(나) / you(너) / we(우리) / you(너희들) / they(그들)	**do not + 동사원형**
he(그) / she(그녀) / it(그것)	**does not + 동사원형**

부가의문문은 평서문 뒤에 덧붙여 '그렇죠?'라며 내용을 다시 확인하는 표현을 말합니다.
일단 평서문으로 말하고 문장 끝에 부가의문문을 붙이면 쉽게 의문문을 만들 수 있죠. 원래
문장이 일반동사면서 긍정이면 [긍정문, don't you?], 부정이면 [부정문, do you?]처럼 씁
니다. 단, 원래 문장과 부가의문문은 일반동사-일반동사, be동사-be동사처럼 동사의 종류
를 맞춰야 합니다.

일반동사 부가의문문

You like camping, don't you?
캠핑 좋아하시죠, 안 그래요?

You don't drink much, do you?
술 많이 안 드시죠, 그렇죠?

I don't feel well these days. ✓ ○ ○

I don't eat seafood because it smells fishy. * ○ ○ ○

I don't have any problem with my team members. ○ ○ ○

I usually don't drink much but I drank a lot yesterday. ○ ○ ○

* fishy 비린내가 나는, 수상한

나 요즘 컨디션이 안 좋아.
난 비린내 때문에 해산물을 안 먹어.
난 팀원들과 아무런 문제가 없어.
난 평소에 술을 많이 마시지 않는데 어제는 많이 마셨다.

He doesn't love her anymore. ○ ○ ○

He doesn't like soccer and I don't like it, either. ○ ○ ○

She doesn't wear much make-up. * ○ ○ ○

It doesn't matter to me. * ○ ○ ○

* wear make-up 화장을 하다
matter 중요하다

그는 그녀를 이제 더는 사랑하지 않아.
그는 축구를 좋아하지 않고 나 역시 축구를 좋아하지 않아.
그녀는 화장을 진하게 하지 않는다.
그건 나에게 중요치 않아.

You like vegetables, don't you? ○ ○ ○

You have a plan this weekend, don't you? ○ ○ ○

The couple don't get along well with each other, do they? ○ ○ ○

They don't live here anymore, do they? ○ ○ ○

너 채소 좋아하잖아, 그렇지 않아?
너 이번 주말에 계획 있지, 그렇지 않아?
그 커플은 서로 사이가 좋지 않잖아, 그렇지?
그들은 더 이상 여기에 살지 않잖아, 맞지?

01 나 요즘 컨디션이 안 좋아.

I _____ __ these days.

02 그건 나에게 중요치 않아.

It _____ _____ __ me.

03 그녀는 화장을 진하게 하지 않는다.

She _____ ___ much make-up.

04 난 비린내 때문에 해산물을 안 먹어.

_ _____ ___ seafood because it smells fishy.

05 너 채소 좋아하잖아, 그렇지 않아?

You like vegetables, _____ ___?

06 그는 그녀를 이제 더는 사랑하지 않아.

__ _____ _____ her anymore.

07 너 이번 주말에 계획 있지, 그렇지 않아?

You _____ a _____ this weekend, _____ ___?

일반동사의 문형 ②

과거 부정문

그래머 브리핑

일반동사 과거시제의 부정은 주어의 인칭과 수에 관계없이 무조건 [did not+동사원형]으로 표현하면 됩니다. 주어를 신경 쓰지 않아도 되니 한결 수월하죠. 다만, 동사원형 자리에 동사의 과거형을 그대로 쓰는 실수를 하기 쉬우니 주의하세요.

일반동사 과거시제 부정

did not(didn't)+동사원형
I didn't brush my teeth this morning.
나는 오늘 아침 이를 닦지 않았다.

앞서 나온 do not(don't)이나 does not(doesn't)처럼 did not 역시 보통 didn't로 줄여서 씁니다. 참고로 don't/doesn't/didn't처럼 −nt로 끝나는 단어의 t는 세게 발음하지 않기 때문에 거의 들리지 않습니다.

일반동사 부정의 발음

[돈/던]
I don't like it.   난 그거 별로야.
[더즌]
He doesn't love me anymore.   그는 날 더 이상 사랑하지 않아.
[디른]
He didn't come here by car.   그는 여기 차로 오지 않았어.

I didn't sleep well last night. ✔ ○ ○

I didn't check my email yesterday. ○ ○ ○
I didn't wash my hair today, so I feel terrible. ○ ○ ○
I didn't know that she is so popular like that. ○ ○ ○

난 어제 잠을 제대로 못 잤어.
나 어제 메일을 확인 안 했어.
오늘 머리를 안 감았더니 찝찝해.
난 그녀가 그렇게 인기 있는 줄 몰랐어.

He didn't pay for the meal. I did. ○ ○ ○

He didn't go out last weekend. He stayed at home all day long. * ○ ○ ○
She took some medicine but it didn't work. * ○ ○ ○
She didn't study math hard in middle school. ○ ○ ○

* all day long 하루 종일
work 작동하다, 효과가 있다

그는 음식 값을 내지 않았어. 내가 냈지.
그는 지난 주말에 밖에 나가지 않았다. 하루 종일 집에 있었다.
그녀는 약을 복용했지만 효과가 없었다.
그녀는 중학교 때 수학을 열심히 공부하지 않았다.

We didn't order this. Take it back, please. ○ ○ ○

I washed the clothes several times but the stain didn't come out. * ○ ○ ○
People said the food tasted good but it didn't suit my taste. * ○ ○ ○
Back then, they didn't have enough time for practice. ○ ○ ○

* stain 얼룩
come out 없어지다
suit 맞다, 좋다

우리는 이걸 주문하지 않았어요. 다시 가져가세요.
난 그 옷을 여러 번 세탁했지만 그 얼룩은 빠지지 않았다.
사람들은 그 음식이 맛있다고 했지만 내 입맛에는 맞지 않았어.
그 당시 그들에게 연습할 시간이 충분하지 않았다.

01 그녀는 약을 복용했지만 효과가 없었다.

> **She took some medicine but it ＿＿＿＿ ＿＿＿.**

02 어제 잠을 제대로 못 잤어.

> **I ＿＿＿ ＿＿＿ well last night.**

03 그는 음식 값을 내지 않았어. 내가 냈지.

> **＿＿ ＿＿＿ ＿＿＿ for the meal. I did.**

04 그녀는 중학교 때 수학을 열심히 공부하지 않았다.

> **She ＿＿＿ ＿＿＿ ＿＿＿ hard in middle school.**

05 나 어제 메일을 확인 안 했어.

> **I ＿＿＿ ＿＿＿ my ＿＿＿ yesterday.**

06 우리는 이걸 주문하지 않았어요. 다시 가져가세요.

> **＿＿ ＿＿＿ ＿＿＿ this. Take it back, please.**

07 난 그녀가 그렇게 인기 있는 줄 몰랐어.

> **＿＿ ＿＿＿ ＿＿＿ that she is so popular like that.**

be동사의 뜻 ①

~이다

그래머
브리핑

be동사는 주로 '~이다, ~에 있다'라고 해석되고, 앞에 오는 주어의 인칭과 수에 따라 모양이 바뀝니다. 시제가 현재일 때 주어에 따라 be동사가 어떻게 변하는지 아래 표에서 확인하세요.

be동사 현재 활용

인칭	단수	복수
1인칭	I am 나는 ~이다	We are 우리는 ~이다
2인칭	You are 당신은 ~이다	You are 당신들은 ~이다
3인칭	He/She/It is 그/그녀/그것은 ~이다	They are 그들은 ~이다

위의 표를 봅시다. be동사가 '~이다'라는 뜻으로 쓰인 경우 [주어+be동사]만으로는 문장이 완성되지 않습니다. 따라서 be동사 뒤에 명사나 형용사가 붙어야 합니다. 특히 '~한 상태인'을 표현하는 형용사는 혼자서는 서술어가 될 수 없기 때문에 '(~한 상태)이다'라는 서술어가 되기 위해서는 be동사와 함께 써야 합니다.

'~이다'라는 뜻인 be동사

be동사+명사	**She is a teacher.** 그녀는 선생님이다.
be동사+형용사	**She is beautiful.** 그녀는 아름답다.

I am a newcomer in this company. ☑ ○ ○

I am a sales person and I'm good at sales. ○ ○ ○

I am very outgoing and active. * ○ ○ ○

I am interested in sports. ○ ○ ○

* outgoing 외향적인

저는 이 회사의 신입사원입니다.
전 영업사원이고 영업을 잘합니다.
난 매우 외향적이고 활동적이야.
난 스포츠에 관심이 있어.

He is kind to others. * ○ ○ ○

She is always late for a meeting. ○ ○ ○

He is a government employee. He works at the city hall. ○ ○ ○

It is a real time-saver. ○ ○ ○

* others 다른 사람들

그는 남들에게 친절해.
그녀는 항상 회의에 늦어.
그는 공무원이며 시청에서 근무한다.
그건 정말 시간을 절약해 준다.

We are strangers here. * ○ ○ ○

You are very humorous. ○ ○ ○

You are always busy with work. ○ ○ ○

They are very popular among young people in our country. ○ ○ ○

* stranger 이방인

우리는 여기를 잘 모릅니다.
넌 정말 재미있어.
넌 항상 일하느라 바쁘구나.
그들은 우리나라 젊은 사람들 사이에서 매우 인기가 있다.

01 그는 남들에게 친절해.

___ ___ _____ to others.

02 난 매우 외향적이고 활동적이야.

___ ___ very _____ and active.

03 그녀는 항상 회의에 늦어.

____ always ____ for a meeting.

04 난 스포츠에 관심이 있어.

___ __ _____ sports.

05 넌 정말 재미있어.

____ ___ very _____ .

06 넌 항상 일하느라 바쁘구나.

You ____ always _____ ___ .

07 그건 정말 시간을 절약해 준다.

It ___ a real _____ .

10 be동사의 뜻 ②

~에 있다

그래머 브리핑

be동사가 '~에 있다, 존재하다'는 뜻일 때 '어디에'에 해당하는 내용은 부사나 [전치사+명사]로 붙여 줍니다. 예를 들어 I am here.(난 여기 있어.)에서 here같이 위치를 말해 주는 부사가 온 것처럼요. 명사로 위치를 말하려면 [전치사+명사] 형태로 써야 합니다. be동사 뒤에 곧장 명사를 붙이면 '주어는 명사다'라는 뜻이 되어 완전히 다른 말이 되기 때문이죠.

be동사가 '~에 있다'는 뜻인 경우

be동사+부사	**He is out.** 그는 외출 중이다.
be동사+전치사+명사	**He is in the kitchen.** 그는 부엌에 있다.

[be동사+전치사+명사]에서 be동사 뒤에 들어가는 전치사는 위치를 나타낼 뿐만 아니라 그 위치에서 발생하는 상황을 말해 주기도 하죠. 특히 at이 그렇죠. 가령 She is at the table.은 '그녀는 테이블에 (앉아) 있다'는 뜻이면서 동시에 상황에 따라서는 '그녀는 식사 중이다'는 뜻이기도 합니다.

상황을 표현하는 [be동사+at]

He is at the desk.
그는 책상에 앉아 있다.
그는 공부/업무 중이다.

I am here! Get me out of here! ✓ ○ ○

He takes care of my dog while I am away.	○ ○ ○
She is out for shopping.	○ ○ ○
He is over there.	○ ○ ○
He is out of money. He is broke! *	○ ○ ○

* broke 무일푼인

나 여기 있어! 나 좀 여기서 꺼내 줘!
내가 없는 동안 그 사람이 우리 개를 돌봐 준다.
그녀는 쇼핑을 하러 나갔다.
그는 저쪽에 있어요.
그는 돈이 다 떨어졌다. 그는 빈털터리다!

Are you in the sales department? ○ ○ ○

We are in the same situation.	○ ○ ○
It is in the southern part of Seoul. *	○ ○ ○
She is in a meeting now.	○ ○ ○

* southern 남쪽에 위치한

당신은 영업부 소속인가요?
우리는 같은 처지야.
그것은 서울의 남쪽에 있다.
그녀는 지금 미팅 중입니다.

They are often on TV and radio. ○ ○ ○

| The museum is on the outskirt of London. * | ○ ○ ○ |
| She is on a business trip. | ○ ○ ○ |

* outskirt 변두리

그들은 종종 TV나 라디오에 나온다.
그 박물관은 런던 변두리에 있다.
그녀는 지금 출장 중이에요.

01 나 여기 있어! 나 좀 여기서 꺼내 줘!

I __ ___! Get me out of here!

02 그녀는 쇼핑을 하러 나갔다.

She __ ___ for shopping.

03 그녀는 지금 출장 중이에요.

___ ___ ___ a business trip.

04 당신은 영업부 소속인가요?

___ ___ ___ the sales department?

05 우리는 같은 처지야.

___ ___ ___ the same situation.

06 그들은 종종 TV나 라디오에 나온다.

They ___ often ___ and radio.

07 그녀는 지금 미팅 중입니다.

___ ___ ___ a ___ now.

be동사의 시제
과거

그래머 브리핑

be동사의 과거형은 was, were 두 가지입니다. 주어가 1·3인칭 단수일 때는 was를 쓰고, 인칭에 상관없이 주어가 복수일 때는 were를 씁니다. be동사 현재형은 I'm, He's, You're 등으로 자주 줄여 쓰는 반면, 과거형인 was, were는 그대로 쓰는 편입니다.

be동사의 과거형

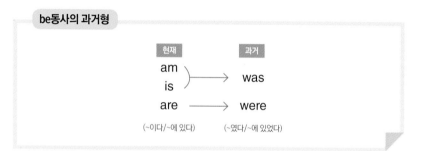

아래 표처럼 be동사의 과거형을 주어와 붙여서 입에 붙여두세요. be동사는 주어가 1인칭과 3인칭 단수일 때는 was, 나머지는 모두 were를 쓰니 어렵지 않지요?

be동사 과거 활용

인칭	단수	복수
1인칭	**I was** 나는 ~이었다/~에 있었다	**We were** 우리는 ~이었다/~에 있었다
2인칭	**You were** 당신은 ~이었다/~에 있었다	**You were** 당신들은 ~이었다/~에 있었다
3인칭	**He/She/It was** 그/그녀/그것은 ~이었다/~에 있었다	**They were** 그들은 ~이었다/~에 있었다

I was on the phone at that time. * ✔ ○ ○

I was in the army from 2007 to 2008. ○ ○ ○

I was into computer games in high school. * ○ ○ ○

I was sick in bed all day long yesterday. * ○ ○ ○

* be on phone 통화 중이다
be into ~를 매우 좋아하다
be sick in bed 앓아 눕다

난 그때 통화 중이었어.
난 2007년에서 2008년까지 군대에 있었다.
난 고등학교 때 컴퓨터 게임에 빠져있었다.
난 어제 하루 종일 몸져누웠었어.

Today was a very busy day as usual. * ○ ○ ○

My father was very strict and old fashioned. * ○ ○ ○

The traffic was really bad, so I was late for work. ○ ○ ○

She was in the movie *Mission Impossible*. ○ ○ ○

* as usual 늘 그런 것처럼
old fashioned 구식인

여느 때와 마찬가지로 오늘도 바쁜 하루였어.
우리 아버지는 엄하고 보수적이셨다.
차가 너무 막혀서 회사에 지각했다.
그녀는 영화 〈미션 임파서블〉에 출연했다.

I heard you were sick last week. ○ ○ ○

Where were you last night? ○ ○ ○

We were very close with each other. ○ ○ ○

They were very friendly and helpful. ○ ○ ○

너 지난주에 아팠다고 들었어.
너 어젯밤에 어디에 있었니?
우리는 서로 매우 친했었다.
그들은 매우 친절하고 많은 도움이 되었다.

01 우리는 서로 매우 친했었다.

___ ___ very ___ with each other.

02 난 그때 통화 중이었어.

I ___ ___ the ___ at that time.

03 그들은 매우 친절하고 많은 도움이 되었다.

___ ___ very ___ and helpful.

04 난 어제 하루 종일 몸져누웠었어.

I ___ ___ in bed all day long yesterday.

05 너 지난주에 아팠다고 들었어.

I heard ___ ___ ___ last week.

06 난 2007년에서 2008년까지 군대에 있었다.

I ___ ___ ___ ___ from 2007 to 2008.

07 여느 때와 마찬가지로 오늘도 바쁜 하루였어.

Today ___ a very ___ ___ as usual.

be동사의 문형
부정문

be동사 부정은 [be동사+not] 형태로 만듭니다. 일반동사의 부정과는 달리 간단한 편이죠. 예를 들자면 I am not tall.(난 키가 크지 않아.), He is not at home.(그는 집에 없어.)과 같은 식입니다. 참고로 can, will과 같은 조동사의 부정문을 만드는 방식도 이와 같아서 뒤에 not만 붙이면 됩니다.

be동사 부정형

be동사+not
I am not a kid anymore.
난 더 이상 애가 아니야.

부정문일 때에도 줄여 말할 때가 많습니다. 이때 주어와 be동사를 줄일 수도 있고, be동사와 not을 줄일 수도 있습니다. I'm not이나 He's not 혹은 He isn't처럼 말이죠. 참고로 be동사 과거형의 부정형은 was not → wasn't, were not → weren't로 축약합니다.

be동사 부정 줄이기

주어의 인칭	원문	축약
1인칭 단수	I am not(난 ~가 아니다)	I'm not
3인칭 단수	He is not(그는 ~가 아니다)	He's not/He isn't
2인칭, 모든 복수	You are not(넌 ~가 아니다) They are not(그들은 ~가 아니다)	You're not/You aren't They're not/They aren't

I'm not afraid of failure. *   ✓ ○ ○

I'm not happy with the test result.   ○ ○ ○

I'm not good at soccer.   ○ ○ ○

I'm not picky about food. *   ○ ○ ○

난 실패가 두렵지 않아.
난 그 시험 결과가 만족스럽지 않아.
난 축구를 못해.
난 음식을 가려 먹지 않아.

* failure 실패
picky 까다로운

He is not familiar with this area. *   ○ ○ ○

She is not interested in you. *   ○ ○ ○

He is not in at the moment.   ○ ○ ○

You are not proud of your job, are you?   ○ ○ ○

They are not reliable.   ○ ○ ○

그는 이 지역을 잘 모른다.
그녀는 너한테 관심 없어.
그는 잠시 자리를 비웠습니다.
너는 네 직업이 떳떳하지 않잖아, 그렇지?
그들은 믿음이 가지 않아.

* be familiar with ~을 잘 알다
interested 관심이 있는

The movie was not interesting. *   ○ ○ ○

They were not surprised at the news.   ○ ○ ○

It was not far from the subway station, so I walked there.   ○ ○ ○

* interesting 흥미로운

그 영화는 재미가 없었다.
그들은 그 소식에 놀라워하지 않았다.
거기는 지하철역에서 멀지 않아서 걸어서 갔다.

MP3를 듣거나 한국어 해석을 보고
영어로 바꿔 말해 보세요.

01 그는 잠시 자리를 비웠습니다.

He ___ ___ ___ at the moment.

02 그들은 믿음이 가지 않아.

They ___ ___ _____.

03 난 축구를 못해.

___ ___ ___ soccer.

04 난 음식을 가려 먹지 않아.

I'm ___ _____ about food.

05 난 실패가 두렵지 않아.

___ ___ _____ of failure.

06 그녀는 너한테 관심 없어.

She ___ ___ _____ in you.

07 그 영화는 재미가 없었다.

The movie ___ ___ _____.

there is/are
~가 있다

그래머
브리핑

There is/are는 일상회화에서 자주 쓰는 아주 중요한 표현입니다. [There is/are+명사]는
'~가 있다'라는 뜻으로, be동사는 뒤에 오는 명사가 단수면 is/was, 복수면 are/were가 됩
니다. 중요한 것은 뒤에 오는 명사가 주어 역할을 한다는 것입니다. 여기서 there는 따로
해석하지 않습니다. 문장을 만들기 위해서 형식상 들어간 것이기 때문이죠. 이 경우 말고
there가 '거기에'라는 뜻의 부사일 때는 보통 문장 끝에 붙습니다.

[there+be동사] '~가 있다'

There is a cup on the table.
테이블 위에 컵 하나가 있다.

There are many books on the shelf.
책꽂이 위에 많은 책들이 있다.

There is/are 뒤에는 불특정한 명사가 와야 합니다. 즉, the book(그 책)처럼 특정한 것이
나 Mt. Halla(한라산)와 같은 고유명사와 함께 쓸 수 없습니다. 따라서 이런 내용은 There
is/are 형태로 표현하지 않는다는 것에 주의하세요.

there, 이렇게는 안 쓴다!

There is the book on the table. (×)

→ **The book is on the table.** (○)
그 책은 테이블 위에 있다.

There is a library near my house. ✔ ○ ○

There is no place like home.	○ ○ ○
There is no future in this job.	○ ○ ○
I believe there is life after death. *	○ ○ ○

*life after death 사후 세계

우리집 근처에 도서관이 있어.
집만큼 좋은 곳은 없다.
이 직업에는 미래가 없어.
난 사후 세계가 있다는 것을 믿어.

There are 16 team members in my department. ○ ○ ○

There are many clothes shops around here.	○ ○ ○
There are three cast members on the show. *	○ ○ ○
There are various cultural facilities around here. *	○ ○ ○

*cast member(=the cast) 출연진
cultural facility 문화시설

우리 부서에는 16명의 팀원이 있습니다.
이 주변에는 많은 옷가게들이 있어요.
그 쇼에는 3명의 출연자가 있다.
이 근처에는 다양한 문화시설이 있다.

There was a restaurant here but it was gone. ○ ○ ○

There were many people in the department store.	○ ○ ○
There were so many ups and downs in his life. *	○ ○ ○
There were many empty rooms in the hotel.	○ ○ ○

*ups and downs 기복, 굴곡

여기 식당이 있었는데 없어졌어.
백화점은 많은 사람들로 붐볐다.
그의 인생에는 많은 기복이 있었다.
호텔에 빈방이 많이 있었다.

01 난 사후 세계가 있다는 것을 믿어.

I believe ＿＿＿ ＿ ＿＿ after death.

02 우리집 근처에 도서관이 있어.

＿＿＿＿ a library near my house.

03 집만큼 좋은 곳은 없다.

＿＿＿＿ ＿ ＿＿＿ like home.

04 여기 식당이 있었는데 없어졌어.

＿＿＿ ＿＿ a restaurant here but it was gone.

05 이 직업에는 미래가 없어.

＿＿＿＿ ＿ ＿ ＿＿＿ in this job.

06 이 주변에는 많은 옷가게들이 있어요.

＿＿＿＿ ＿＿ many clothes shops ＿＿＿＿ ＿＿.

07 호텔에 빈방이 많이 있었다.

＿＿＿ ＿＿＿ ＿＿＿ ＿＿＿ in the hotel.

비인칭주어 it
날씨/시간/계절/거리

그래머 브리핑

한국어와 달리 영어에서는 명령문을 제외한 모든 문장에 꼭 주어가 있어야 합니다. 그래서 시간이나 계절, 날씨, 거리 등을 나타낼 때는 주로 비인칭주어인 it을 씁니다. 여기서 it은 '그 것'이라는 의미로 쓰인 것이 아닙니다.

비인칭주어 it

It rained yesterday.
어제 비가 왔다.

→ rain(비가 오다)에 주어가 포함됨, it은 주어 자리에 위치할 뿐 뜻은 없다

비인칭주어는 아무런 뜻 없이 주어 자리를 비워두지 않기 위해 쓰는 형식적인 주어를 말합니다. 아래 표에서 비인칭주어가 어떤 때 쓰이는지 확인하세요.

비인칭주어 it을 쓰는 경우

날씨	It is sunny. 날이 화창하다.	시각	It is eight o'clock. 8시 정각이에요.
날짜	It is March 6th. 3월 6일이야.	요일	It is Friday. 금요일이야.
거리	It is far from here. 여기서 멀어요.	명암	It is getting dark. 점점 어두워지네.

It is such a beautiful day, isn't it? ✓ ○ ○

It is very windy outside. ○ ○ ○

It is really hot today and the sun is really strong. ○ ○ ○

It was really cold yesterday. ○ ○ ○

오늘 날씨가 정말 좋네요, 그렇지 않나요?
밖에 바람이 많이 불어.
오늘 너무 덥고 햇빛도 정말 강하네.
어제는 정말 추웠어.

It is so sticky and humid. * ○ ○ ○

It rained all day long so, I stayed at home. ○ ○ ○

What day is it today? Is it Friday yet? * ○ ○ ○

It's already the end of the year. ○ ○ ○

날씨가 너무 후덥지근해.
하루 종일 비가 와서 집에 있었어.
오늘 무슨 요일이야? 벌써 금요일인가?
벌써 연말이네.

* sticky 끈적한
humid 습한
yet (의문문에서 주로) 벌써

It was a really long day. * ○ ○ ○

It's dark in here. Turn on the light! ○ ○ ○

It's only a five-minute walk to the subway station. ○ ○ ○

It takes about five hours from Seoul to Busan by car. ○ ○ ○

* a long day 길고 힘든 하루

정말 힘든 하루였어.
여기 안은 어둡네. 불 좀 켜 봐!
지하철역까지 겨우 걸어서 5분 거리야.
서울에서 부산까지 차로 대략 5시간 걸린다.

01 밖에 바람이 많이 불어.

___ ___ very windy outside.

02 정말 힘든 하루였어.

___ ____ a really ____ day.

03 오늘 날씨가 정말 좋네요, 그렇지 않나요?

___ ___ such a beautiful day, isn't it?

04 날씨가 너무 후덥지근해.

___ ___ so ____ and ____.

05 어제는 정말 추웠어.

___ ____ really ____ yesterday.

06 벌써 연말이네.

____ already the ___ ___ ____.

07 여기 안은 어둡네. 불 좀 켜 봐!

___ ____ in here. ____ ____ the light!

주고 싶은 수여동사

그래머 브리핑

수여동사는 이름 그대로 '누구에게 무엇을 주다'라는 뜻을 가진 동사를 말합니다. 수여동사의 가장 큰 특징은 [주어+동사+간접목적어(사람)+직접목적어(사물)] 순으로 목적어 2개를 연달아 가질 수 있다는 점입니다. 즉, 수여동사는 목적어를 2개 가지는 타동사인 거죠. 수여동사를 활용해 '그는 나에게 꽃을 주었다'라는 말을 해 봅시다.

수여동사 뒤에 목적어 쓰기

목적어 2개일 때	수여동사+간접목적어(~에게)+직접목적어(~을) ① **He gave me flowers.**
목적어 1개일 때	주어+동사+목적어(을,를)+전치사+명사 ② He gave flowers to me. ⟶ 완전한 문장

①번 문장에서는 직접목적어 flowers가 진정한 목적어입니다. 그럼 이것을 동사 바로 뒤로 놓아서 He gave flowers라고 말하면 어떨까요? 그러면 [주어+타동사+목적어] 형태이기 때문에 이것만으로도 완전한 문장입니다. 이 문장에 '나에게'가 들어가려면 [전치사+명사]를 뒤에 붙여야 합니다. 즉 ①번 문장은 ②번처럼 He gave flowers to me.라고도 할 수 있는 거죠. 참고로 수여동사에 따라 함께 쓰는 전치사가 다릅니다. 주로 to(~에게)와 for(~를 위해)를 많이 쓰는데, 아래는 대표적인 수여동사와 전치사 궁합이니 알아두세요.

수여동사와 전치사 궁합

to와 함께 쓰는 수여동사	for와 함께 쓰는 수여동사
give(주다), send(보내주다), teach(가르쳐 주다), lend(빌려주다), show(보여 주다), tell(알려 주다), offer(제공하다)	buy(사주다), make(만들어 주다), get(갖다주다), cook(요리해 주다)

My friend gave me a ride here. *   ✓ ○ ○

He offered me the job.   ○ ○ ○

He taught us math in middle school.   ○ ○ ○

My mother sent me apples by parcel delivery. *   ○ ○ ○

* ride 차를 태워주는 것
parcel delivery 택배

친구가 나를 차로 여기까지 태워다 줬어.
그가 내게 그 일자리를 제안했다.
그는 중학교 때 우리에게 수학을 가르쳤다.
엄마가 택배로 사과를 나한테 보내셨어.

He showed me his new office.   ○ ○ ○

She told me some funny jokes about him.   ○ ○ ○

Can you lend me some money?   ○ ○ ○

I wish you a merry Christmas.   ○ ○ ○

그는 새 사무실을 나에게 보여 주었다.
그녀는 나에게 그 사람에 대한 재미있는 농담을 했다.
나한테 돈 좀 빌려줄 수 있어?
크리스마스 즐겁게 보내.

He often buys me dinner.   ○ ○ ○

Please, get me some water.   ○ ○ ○

She cooked me delicious food on my birthday.   ○ ○ ○

He asked me some questions about the report.   ○ ○ ○

그는 종종 나에게 저녁을 사 줘.
저 물 좀 주세요.
그녀는 내 생일날 맛있는 음식을 요리해 주었다.
그는 나에게 그 보고서에 대해 몇 가지 질문을 했다.

01 크리스마스 즐겁게 보내.

I ____ ____ a merry Christmas.

02 친구가 나를 차로 여기까지 태워다 줬어.

My friend ____ ____ a ____ here.

03 그는 종종 나에게 저녁을 사 줘.

He often ____ ____ ____.

04 그가 내게 그 일자리를 제안했다.

He ____ me the job.

05 저 물 좀 주세요.

Please, ___ me some ____.

06 그는 중학교 때 우리에게 수학을 가르쳤다.

He ____ us ____ in middle school.

07 엄마가 택배로 사과를 나한테 보내셨어.

___ ____ ___ ___ ____ by parcel delivery.

명사 이해하기
명사의 수

그래머
브리핑

명사는 수를 셀 수 있는 가산명사와 셀 수 없는 불가산명사로 나눌 수 있습니다. 가산명사
는 셀 수 있기 때문에 2개 이상일 때는 복수로 표기하고, 불가산명사는 늘 단수로 표기합니
다. 대표적인 불가산명사는 액체인 water, juice, oil, milk, wine, coffee, tea, 가루인 sugar,
salt, flour, sand, 기타 glass, paper, bread, rock, furniture, money, time, food 등이 있습
니다.

가산/불가산명사

He has many friends.
그는 많은 친구들을 가지고 있다. ↘ 가산명사

He has much money.
그는 많은 돈을 가지고 있다. ↘ 불가산명사

가산명사를 '많다'고 표현할 때는 many를 쓰고, 불가산명사는 much를 씁니다. 단, a lot
of(많은)는 가산/불가산명사 모두 수식할 수 있습니다. '적다'를 표현하는 a few와 a little은
'몇몇의', '약간의'라는 뜻이고, few와 little은 '거의 없는'이라는 부정의 의미가 있습니다. 참
고로 few, little은 문어체 느낌이 있어서 일상에서는 주로 not … many/much(많지 않다)
를 씁니다.

많다/적다 표현

많은		약간의	거의 없는	
many	a lot of	a few	few	+ 셀 수 있는 복수명사
much		a little	little	+ 셀 수 없는 명사

A Chinese restaurant opened a few days ago. ✓ ○ ○

There are few places to park around there. ○ ○ ○

I have many good memories about the trip. ○ ○ ○

I traveled around the country and visited many wonderful places. ○ ○ ○

며칠 전에 중국 식당이 새로 개업했어.
그 근처에는 주차할 곳이 별로 없어.
나는 그 여행에 대해 좋은 추억이 많다.
난 전국을 여행하면서 멋진 곳을 많이 가 봤어.

I did a little research on the subject. * ○ ○ ○

We don't have much time left. ○ ○ ○

I don't have much cash with me now. ○ ○ ○

There is much information on the Internet about it. ○ ○ ○

* do research 조사하다

내가 그 주제에 대해 조사를 좀 했어.
우리에게 남은 시간이 많지 않아.
난 지금 수중에 현금이 많지 않아.
그것에 대한 많은 정보가 인터넷에 있습니다.

He's got a lot of pull. * ○ ○ ○

I drink a lot of water for my health. ○ ○ ○

Most of the people in our village raise a lot of pigs. ○ ○ ○

He's got a lot of guts. * ○ ○ ○

* pull 연줄
gut 배짱

그는 많은 연줄을 가지고 있다.
나는 건강을 위해 물을 많이 마셔.
우리 동네 사람들 대부분이 많은 수의 돼지를 키운다.
그는 배짱이 두둑하다.

01 우리에게 남은 시간이 많지 않아.

We don't have ___ ___ ___.

02 그 근처에는 주차할 곳이 별로 없어.

There ___ ___ _____ to park around there.

03 그는 많은 연줄을 가지고 있다.

He's got ___ ___ ___.

04 내가 그 주제에 대해 조사를 좀 했어.

I ___ ___ ___ on the subject.

05 그는 배짱이 두둑하다.

He's got ___ ___ ___.

06 난 지금 수중에 현금이 많지 않아.

I don't have ___ ___ ___ now.

07 나는 건강을 위해 물을 많이 마셔.

I drink ___ ___ _____ for my health.

재귀대명사

yourself, myself 등 인칭대명사에 ~self(selves)를 붙인 것을 재귀대명사라고 합니다. 재귀
대명사는 문장에서 주어와 목적어가 같을 때 목적어를 표시하는 용도로 씁니다. 다시 말해,
'앞에 나온 주어 바로 그 자신'을 나타내는 말이죠. 이렇게 목적어로 쓰인 재귀대명사는 생
략할 수 없습니다.

재귀대명사 목적어로 활용하기

→ '동일인, 자기 자신', 목적어일 땐 생략 불가

He looked at **himself** in the mirror.

그는 거울 속 자신을 바라보았다.

He killed **himself**. (he = himself) 그는 자살했다.
He killed **him**. (he ≠ him) 그는 (주어와 다른 사람인) 그를 죽였다.

재귀대명사는 '주어 = 목적어'일 때만 쓰는 건 아닙니다. 재귀대명사를 부사로 쓰면 주어, 목
적어 등을 강조하는 역할을 하며 '직접', '몸소' 등의 뜻으로 해석할 수 있어요. 이때의 재귀
대명사는 생략할 수도 있습니다.

재귀대명사 부사로 활용하기

I **myself** did it. → '직접, 몸소' 부사일 땐 생략 가능

난 그것을 직접 했다.

I want to meet him **myself**.

내가 직접 그를 만나고 싶어요.

He taught himself English for three years. ☑ ○ ○

Change yourself or you will live like this forever. ○ ○ ○

You don't have to blame yourself for this. * ○ ○ ○

You don't act like yourself these days. ○ ○ ○

* blame ~을 탓하다

그는 3년 동안 영어를 독학했다.
너 자신을 바꾸지 않으면 영원히 이렇게 살게 될 거야.
이것 때문에 스스로를 탓할 필요는 없어.
요즘 너답지 않게 행동하네.

He takes good care of himself. ○ ○ ○

She often talks to herself. ○ ○ ○

I was full of myself back then. * ○ ○ ○

Let me introduce myself to you. ○ ○ ○

* be full of oneself 자만하다, 거만하다

그는 자기관리를 철저하게 해.
그녀는 종종 혼잣말을 한다.
그때 난 너무 자만했었어.
제 소개를 하겠습니다.

I made this cake myself. ○ ○ ○

I live by myself. * ○ ○ ○

I don't like to eat out. I like to cook for myself. ○ ○ ○

Did you set up the tent yourself? ○ ○ ○

* by oneself(=alone) 혼자

내가 이 케이크를 직접 만들었어.
전 혼자 살아요.
난 외식하는 것을 안 좋아해. 직접 요리하는 것을 좋아하지.
텐트를 네가 직접 설치했어?

01 요즘 너답지 않게 행동하네.

You don't act like _____ these days.

02 전 혼자 살아요.

I live ___.

03 그는 자기관리를 철저하게 해.

He _____ good _____ __ _____.

04 제 소개를 하겠습니다.

___ __ _____ _____ to you.

05 내가 이 케이크를 직접 만들었어.

I _____ this cake _____.

06 그때 난 너무 자만했었어.

I was __ __ _____ back then.

07 텐트를 네가 직접 설치했어?

Did you ___ __ the tent _____?

불규칙하게 변하는 동사

동사는 시제나 쓰임에 따라 형태가 바뀝니다. 이때 일정한 규칙 없이 불규칙하게 변하는 동사는 어쩔 수 없이 외워야 합니다. 자주 쓰는 불규칙 변화 동사를 알아볼까요.

기본	과거	과거분사	뜻
be(am/is/are)	was/were	been	~이다 / ~에 있다
become	became	become	~이 되다
come	came	come	오다
eat	ate	eaten	먹다
get	got	got/gotten	얻다
go	went	gone	가다
have/has	had	had	가지다
give	gave	given	주다
know	knew	known	알다
make	made	made	만들다
say	said	said	말하다
see	saw	seen	보다
speak	spoke	spoken	말하다
tell	told	told	이야기하다
think	thought	thought	생각하다
sell	sold	sold	팔다
leave	left	left	떠나다
feel	felt	felt	느끼다
hear	heard	heard	듣다
keep	kept	kept	유지하다
meet	met	met	만나다

동사의 변신과
조동사

18 미래 조동사

will

그래머 브리핑

조동사는 왜 필요할까요? 일반적으로 동사는 '~하다, ~이다'는 뜻의 서술어로만 쓰이는데 동사가 표현할 수 있는 시제는 현재와 과거밖에 없습니다. 그래서 미래를 나타내려면 [will+동사원형]의 will처럼 조동사가 필요합니다. 이렇듯 조동사는 동사를 도와주는 역할을 하며 [조동사+동사원형] 형태로 문장을 구성합니다.

미래를 표현하는 조동사 will

과거	—	현재	—	미래	→ 동사의 미래형은 없음
went		go		?	← will+동사원형
갔다		간다		갈 것이다	

will의 과거형은 would입니다. 이 would는 과거에 '~하려고 했었다'라는 뜻이기도 하지만, '~일 수도 있다'는 추측과 가정의 뜻으로도 씁니다. 이렇게 조동사는 시세와 더불어 말의 뉘앙스, 말투를 결정짓는 요소가 되기도 합니다.

would의 두 가지 뜻

~하려고 했다 (will의 과거, 의지)	He was very ill at that time, but he would go there. 그는 당시 매우 아팠지만 거기에 가려고 했다.
~일 수도 있다 (추측과 가정)	You would look better with long hair. 넌 긴 머리가 더 어울릴 수도 있어.

I will beat you in this game! *　✔ ○ ○

I will go to Hawaii this summer vacation.	○ ○ ○
I have a feeling that I will win the lottery.	○ ○ ○
Stay calm. You will be okay!	○ ○ ○

* beat 이기다

난 이 경기에서 너를 이길 거야!
난 이번 여름휴가 때 하와이에 갈 거야.
내가 복권에 당첨될 거라는 느낌이 들어.
침착해. 넌 괜찮을 거야!

She will get here in 30 minutes.　○ ○ ○

He will go bowling with his team members tomorrow.	○ ○ ○
She went to the restroom. She will be back soon.	○ ○ ○
Will you marry me?	○ ○ ○

그녀는 30분 후면 도착할 거야.
그는 내일 팀원들과 볼링을 치러 갈 거래.
그녀는 화장실에 갔습니다. 곧 돌아 올 거예요.
나랑 결혼해 줄래?

The suit will be on sale from the May 15th.　○ ○ ○

I think the economy will improve next year. *	○ ○ ○
If I get a gold medal, my parents will be very proud of me.	○ ○ ○
I'm sure he will succeed in his business.	○ ○ ○

* improve 개선되다

그 정장은 5월 15일부터 세일에 들어갈 겁니다.
난 내년에 경제가 나아질 거라고 생각해.
내가 금메달을 따면 부모님이 아주 자랑스러워하실 것이다.
난 그의 사업이 성공할 것이라 확신한다.

01 난 이번 여름휴가 때 하와이에 갈 거야.

__ _____ __ __ _____ this summer vacation.

02 난 내년에 경제가 나아질 거라고 생각해.

I think the _____ __ _____ **next year.**

03 그녀는 30분 후면 여기 올 거야.

__ __ __ ___ **in 30 minutes.**

04 난 이 경기에서 너를 이길 거야!

__ __ ___ __ **in this game!**

05 나랑 결혼해 줄래?

__ __ ____ ___ **?**

06 침착해. 넌 괜찮을 거야!

Stay calm. __ __ __ __ **!**

07 난 그의 사업이 성공할 것이라 확신한다.

I'm sure __ __ _____ **in his business.**

능력의 조동사

can

그래머
브리핑

'~할 수 있다'라는 능력이나 가능성은 일반동사로는 표현할 수 없어 조동사 can을 씁니다. 광고에 자주 나오는 You can do it!(넌 할 수 있어!) 같은 문구에서 can의 의미를 확인할 수 있지요. 또 can은 '~해도 된다'라는 허락의 뜻을 나타낼 수도 있습니다. 이 뜻을 모르면 문장을 엉뚱하게 해석할 수도 있으니 주의하세요. 어떤 뜻으로 쓰인 건지는 앞뒤 문맥이나 상황을 보고 판단하면 됩니다.

can '~할 수 있다, ~해도 된다'

can+동사원형 ~할 수 있다, ~해도 된다	**You can go now.** 너 이제 가도 돼.
can not+동사원형 ~할 수 없다, ~하면 안 된다	**You can't walk there.** 거긴 걸어갈 수 없어.

could는 '~할 수 있었다'라는 can의 과거형일뿐 아니라 '~할 수도 있다'라는 현재 상황의 약한 가능성을 나타낼 수도 있습니다. 이것 역시 문맥과 상황을 보고 어느 쪽인지 판단해야 합니다. 참고로 could의 부정은 could not 또는 couldn't라고 합니다.

could '~할 수 있었다, ~할 수도 있다'

can의 과거형 ~할 수 있었다	I studied hard so I **could** pass the test. 나는 공부를 열심히 했기에 그 시험에 합격할 수 있었다.
현재의 약한 가능성, 가정 ~할 수도 있다	I'm so hungry that I **could** eat a horse! 난 너무 배가 고파서 말 한 마리도 먹을 수 있을 것 같아!

I can give you a ride there. ✓ ○ ○

I can do 75 push-ups. ○ ○ ○

You can buy fresh seafood at the market. ○ ○ ○

If you go hiking, you can lose weight. ○ ○ ○

내가 거기까지 차로 데려다줄 수 있어.
난 팔 굽혀 펴기를 75개 할 수 있어.
시장에서 신선한 해산물을 살 수 있어요.
등산을 다니면 살을 뺄 수 있어요.

I can't wait for the party tomorrow. ○ ○ ○

My weak point is that I can't treat others harshly. * ○ ○ ○

I don't like summer because I can't stand the heat. ○ ○ ○

Can I use my credit card? ○ ○ ○

* treat 대하다

내일 파티가 몹시 기다려진다.
사람들에게 모질게 대하지 못하는 것이 내 약점이야.
난 더위를 참지 못해서 여름을 좋아하지 않는다.
신용카드를 써도 되나요?

At that time, I could not recognize him. ○ ○ ○

The mechanic said that he could fix my car in a few days. ○ ○ ○

I couldn't sleep well because of the noise from upstairs. ○ ○ ○

I had a sore throat and I couldn't eat anything. ○ ○ ○

* recognize 알아보다, 인지하다

당시에 나는 그를 알아볼 수 없었다.
그 정비사는 내 차를 며칠 내로 고칠 수 있다고 말했다.
위층에서 난 소음 때문에 잠을 제대로 잘 수가 없었다.
난 목이 아파서 아무것도 먹을 수가 없었다.

01 등산을 다니면 살을 뺄 수 있어요.

If you __ _____ , you __ ___ _____ .

02 난 팔 굽혀 펴기를 75개 할 수 있어.

I ___ __ 75 push-ups.

03 내일 파티가 몹시 기다려진다.

I ____ ____ __ the party tomorrow.

04 내가 (너를) 거기까지 차로 데려다줄 수 있어.

__ ___ ___ ___ a ___ there.

05 당시에 나는 그를 알아볼 수 없었다.

__ ___ ___ , I _____ ___ recognize him.

06 난 목이 아파서 아무것도 먹을 수가 없었다.

I had a sore throat and I _____ __ anything.

07 신용카드를 써도 되나요?

__ __ __ my credit card?

필요의 조동사

have to

'~해야 한다'는 말 역시 일반동사만으로 표현하지 못하기 때문에 조동사 have to의 도움을 받아서 [have to+동사원형]의 형태로 말합니다. 유사한 뜻인 must는 법이나 규율을 따라야 할 때 쓰고, have to는 대체로 본인 의지와 상관없이 어쩔 수 없이 해야만 하는 경우에 많이 씁니다. 현재시제일 때 주어가 3인칭 단수인 she, he, it 등은 has to로 바뀌니까 주의하세요. 과거시제는 주어와 상관없이 늘 had to라고 하면 됩니다.

have to '~해야 한다'

You **have to** be there by three o'clock.
넌 거기에 3시까지 가야 해.

I **had to** walk there in such a hot weather.
나는 그 더운 날씨에 거기까지 걸어가야 했다.

have to의 부정은 [don't have to+동사원형]입니다. don't have to는 do not have to를 줄인 것으로 주어가 3인칭 단수일 때는 doesn't have to로 변합니다. don't have to는 '~하지 말아야 한다'는 뜻이 아닌 '~할 필요가 없다'는 뜻으로 [don't need to+동사원형]과 비슷하게 쓰입니다. '~할 필요가 없다'는 말은 곧 '~하지 않아도 된다'라고 할 수도 있겠죠? 예문을 딱 그대로 해석하기보다 상황에 맞게 자연스럽게 해석하는 게 중요합니다.

don't have to '~할 필요가 없다'

You **don't have to** do this.
이럴 필요 없어요.

I have to go now.   ✓ ○ ○

I have to get off at the next stop.   ○ ○ ○

He has to work overtime today.   ○ ○ ○

You have to pay attention in class. *   ○ ○ ○

* pay attention 주목/집중하다

난 지금 가야 돼.
전 다음 정류장에서 내려야 해요.
그는 오늘 야근을 해야 돼.
수업 시간에 집중해야지.

You don't have to hurry.   ○ ○ ○

You don't have to feel sorry about it.   ○ ○ ○

You don't have to make an excuse for the mistake.   ○ ○ ○

You don't have to pay a monthly rent. *   ○ ○ ○

* rent 집세

서두르지 않아도 돼.
넌 그것에 대해 미안해할 필요가 없어.
넌 그 실수에 대해 변명할 필요가 없어.
넌 월세를 낼 필요가 없어.

I had to pay my school fee on my own.   ○ ○ ○

I was often breathless, so I had to quit smoking.   ○ ○ ○

Before I chose my major, I had to consider my aptitude. *   ○ ○ ○

Both my parents worked, so I had to take care of my brothers.   ○ ○ ○

* aptitude 소질, 적성

난 스스로 학비를 내야만 했어.
난 자주 숨이 차서 담배를 끊어야만 했어.
전공을 선택하기 전에 내 적성을 고려해야만 했다.
부모님이 다 일을 하셔서 내가 동생들을 돌봐야 했어.

01 넌 그것에 대해 미안해할 필요가 없어.

You ___ ___ _ feel sorry about it.

02 난 지금 가야 돼.

I ___ _ _ now.

03 서두르지 않아도 돼.

You ___ ___ _ _ .

04 전 다음 정류장에서 내려야 해요.

I ___ _ ___ ___ at the next stop.

05 넌 월세를 낼 필요가 없어.

You ___ ___ _ _ a monthly rent.

06 그는 오늘 야근을 해야 돼.

___ _ _ _ overtime today.

07 난 스스로 학비를 내야만 했어.

I ___ _ my school fee _ ___ _ .

21 의무와 추측의 조동사

must

그래머
브리핑

must는 '~해야 한다'라는 뜻의 조동사로 앞서 나온 have to와 유사한 표현입니다. 뒤에 동
사원형이 오는 것도 have to와 같습니다. 다만, 명령하는 뉘앙스가 있기 때문에 주로 강한
의지를 피력하거나 법이나 규율 등 의무사항을 말할 때 씁니다. 참고로 must는 과거형이
없습니다. 부정형을 쓸 때는 must 뒤에 not을 붙이면 끝입니다.

must '~해야 한다'

You must come back home.
넌 집에 돌아와야만 해.

You must not smoke in here.
이 안에서 담배를 피우면 안 돼.

must에는 '~임에 틀림이 없다'라는 뜻도 있어서 확신하며 추측하는 말로도 자주 씁니다.
이때는 주로 be동사와 함께 쓰죠. 이 때문에 must not에도 '~일 리가 없다'라는 뜻이 있다
고 생각하기 쉬운데 그렇지 않습니다. '~일 리가 없다'는 cannot을 써야 합니다.

must '~이 확실하다'

↗ must ~이 확실하다
The rumor must be true.
그 소문은 사실임에 틀림없어.

He cannot be home now. I saw him go out.
cannot ~일 리가 없다 ↙ 그가 집에 있을 리 없어. 내가 나가는 걸 봤거든.

I must apologize to her.   ✔ ○ ○

He must get some sleep.   ○ ○ ○

You must leash the dog.   ○ ○ ○

We must cancel the order immediately.   ○ ○ ○

난 그녀에게 사과해야 돼.
그는 잠을 좀 자야 돼.
넌 개에게 목줄을 해야 돼.
우리는 그 주문을 즉시 취소해야 합니다.

She must be married.   ○ ○ ○

You must be out of your mind.   ○ ○ ○

You must be very hungry.   ○ ○ ○

You must be tired after such a long trip.   ○ ○ ○

You must be kidding! It cannot be true.   ○ ○ ○

그녀는 분명히 결혼했을 거야.
넌 제 정신이 아닌 게 틀림없어.
넌 틀림없이 배가 아주 고프겠구나.
오랜 여행을 했으니 넌 분명 피곤하겠구나.
너 농담하는 거지! 그게 사실일 리가 없어.

You must not drink and drive.   ○ ○ ○

You must not park the car here.   ○ ○ ○

You must not tell anyone about this.   ○ ○ ○

음주운전을 하지 말아야 합니다.
차를 여기에 주차하면 안 됩니다.
넌 아무에게도 이것에 대해 말해서는 안 돼.

01 넌 개에게 목줄을 해야 돼.

You _____ _____ the dog.

02 난 그녀에게 사과해야 돼.

I _____ _____ to her.

03 그녀는 분명히 결혼했을 거야.

She _____ __ _____ .

04 그는 잠을 좀 자야 돼.

He _____ some _____ .

05 넌 틀림없이 배가 아주 고프겠구나.

You _____ very _____ .

06 음주운전을 하지 말아야 합니다.

You _____ __ _____ and _____ .

07 차를 여기에 주차하면 안 됩니다.

You _____ __ _____ the _____ here.

22

동사를 명사로 쓰기
to부정사의 명사적 용법

그래머
브리핑

[to+동사원형] 형태로 동사를 명사, 형용사, 부사로 바꾸어 활용할 수 있게 해 주는 표현법을 to부정사라고 합니다. '부정사'는 품사가 정해져 있지 않다는 뜻인데, 그렇기 때문에 다양하게 활용이 가능합니다. 먼저 문장에서 주어, 목적어, 보어로 쓰면서 '~하는 것'으로 해석되는 to부정사의 명사적 용법부터 살펴볼까요.

to부정사 명사적 용법

swim 수영하다 ➡ **to swim** 수영하는 것, 수영하기

To swim is fun.
주어
수영하는 것은 재미있다.

I like **to swim**.
목적어
나는 수영하는 것을 좋아한다.

My hobby is **to swim**.
보어
내 취미는 수영하는 것이다.

to부정사가 주어로 문장 맨 앞에 올 때는 주로 가주어 it으로 바꿔 씁니다. 이는 영어가 긴 주어를 좋아하지 않기 때문이죠. 아래 문장처럼 원래 주어인 to get up early(일찍 일어나는 것)가 주어로는 길기 때문에 이를 it으로 대체하고 to부정사가 들어간 원래 주어는 문장 뒤로 보냅니다.

긴 주어는 가주어 it으로 바꾸기

주어가 길 때
To get up early in the morning is not easy.

➡ It is not easy to get up early in the morning.
가주어   진주어
아침에 일찍 일어나는 것은 쉽지 않다.

I like to surf the Internet. ✓ ○ ○

I wanted to be a doctor in my middle school. ○ ○ ○

He decided to go on a diet. ○ ○ ○

I want to buy new shoes. ○ ○ ○

난 인터넷 서핑하는 것을 좋아해.
중학생 때 난 의사가 되고 싶었다.
그는 다이어트를 하기로 결심했다.
난 새 신발을 사고 싶어.

My hobby is to take care of the garden. ○ ○ ○

My dream is to be a great computer programmer. ○ ○ ○

My goal in my life is to become an owner of a building. ○ ○ ○

My goal for this year is to get first place in my class. * ○ ○ ○

* first place 1등

정원을 가꾸는 게 내 취미야.
제 꿈은 훌륭한 컴퓨터 프로그래머가 되는 것입니다.
내 인생의 목표는 건물주가 되는 것이다.
내 올해 목표는 반에서 일등을 하는 것이다.

It's not easy to pass the state exam. ○ ○ ○

It is important to be proud of yourself. * ○ ○ ○

It is dangerous for her to go there alone at night. ○ ○ ○

It's almost impossible to get this stain out. ○ ○ ○

* be proud of ~을 자랑스럽게 여기다

국가고시를 합격하는 것은 쉽지 않다.
자존감을 갖는 것이 중요하다.
그녀가 밤에 거기에 혼자 가는 것은 위험하다.
이 얼룩을 빼는 것은 거의 불가능하다.

01 난 인터넷 서핑하는 것을 좋아해.

I ___ ___ ___ the Internet.

02 정원을 가꾸는 게 내 취미야.

My hobby is ___ ___ ___ **the garden.**

03 그는 다이어트를 하기로 결심했다.

He _____ **on a diet.**

04 이 얼룩을 빼는 것은 거의 불가능하다.

It's almost impossible ___ ___ **this stain** ___ .

05 국가고시를 합격하는 것은 쉽지 않다.

It's not easy ___ _____ **the state exam.**

06 자존감을 갖는 것이 중요하다.

It is important ___ ___ _____ ___ **yourself.**

07 난 새 신발을 사고 싶어.

___ _____ ___ ___ **new shoes.**

동사를 부사로 쓰기

to부정사의 부사적 용법

그래머
브리핑

to부정사가 동사나 형용사를 수식하는 부사의 역할을 하는 것을 부사적 용법이라고 합니다. to부정사의 부사적 용법은 주로 '~하기 위해서'와 '~해서'라고 해석됩니다. to부정사가 문장에서 '~하기 위해서'라는 뜻으로 쓰인 경우 어떤 행위를 하는 목적을 설명해 줍니다.

to부정사 '~하기 위해서'

그는　　갔다　　미국에　　　　영어를 배우기 위해서
He went to America to learn English. → 목적

또한 '~해서'라는 감정의 원인 역시 to부정사로 나타낼 수 있는 대표적 표현입니다. to부정사 앞에는 to부정사로 인해 겪게 된 감정을 나타내는 표현이 옵니다. to부정사를 잘 활용하면 아는 동사만으로도 생생하게 영어로 말할 수 있습니다.

to부정사 '~해서'

나는　　미안하다　　당신을 귀찮게 해서
I am sorry to bother you. → 감정의 원인

I go to gym everyday to keep my health. ✓ ◯ ◯

I often get away from the city to get rid of stress. *   ◯ ◯ ◯

She is on a diet to lose weight.   ◯ ◯ ◯

She joined the singing club to sing well.   ◯ ◯ ◯

* get rid of ~을 없애다, 제거하다

난 건강을 지키기 위해 매일 헬스장에 가.
난 종종 스트레스 해소를 위해 도시를 벗어난다.
그녀는 살을 빼기 위해 다이어트 중이다.
그녀는 노래를 잘하기 위해 노래 동아리에 가입했다.

I'm here to sign up for a course. *   ◯ ◯ ◯

He had to stay up all the night to finish the report.   ◯ ◯ ◯

He will do anything to succeed in his life.   ◯ ◯ ◯

She read a lot of books to develop herself.   ◯ ◯ ◯

* sign up for ~을 신청하다, 가입하다

전 수강 신청하러 왔어요.
그는 보고서를 끝내기 위해 밤새야 했다.
그는 출세를 위해 무엇이든 할 것이다.
그녀는 자기계발을 위해 많은 책을 읽었다.

I'm glad to meet you.   ◯ ◯ ◯

I'm honored to be here.   ◯ ◯ ◯

I'm sorry to be late.   ◯ ◯ ◯

I'm sad to hear that.   ◯ ◯ ◯

당신을 만나서 기쁩니다.
이 자리에 있게 되어서 영광입니다.
늦어서 죄송합니다.
그 얘기를 들으니 슬프네요.

01 그녀는 살을 빼기 위해 다이어트 중이다.

She is on a diet __ ___ _____.

02 당신을 만나서 기쁩니다.

I'm _____ __ ____ you.

03 그녀는 노래를 잘하기 위해 노래 동아리에 가입했다.

She joined the singing club __ ____ ___.

04 전 수강 신청하러 왔어요.

I'm here __ ____ __ for a course.

05 이 자리에 있게 되어서 영광입니다.

I'm _____ __ __ here.

06 그 얘기를 들으니 슬프네요.

I'm ____ __ _____ that.

07 그는 출세를 위해 무엇이든 할 것이다.

He will __ _____ __ _____ in his life.

동사를 형용사로 쓰기

to부정사의 형용사적 용법

그래머 브리핑

to부정사가 명사를 꾸며 주는 형용사 역할을 하는 것을 to부정사의 형용사적 용법이라고 합니다. 일반 형용사는 주로 명사의 앞에 나오지만, to부정사가 형용사로 쓰일 때는 명사 뒤에 붙여 씁니다.

형용사로 쓰는 to부정사 '~할'

나는 가지고 있다　　어떤 것을　　　　당신에게 말할
I have something to tell you.

이 형용사적 용법의 장점은 정확한 단어를 몰라도 to부정사로 부연설명을 해서 자신이 말하려는 것을 상대방에게 충분히 전달할 수 있다는 것입니다. 상황에 맞는 어렵고 전문적인 단어를 모르더라도 대화가 가능해지는 것이죠.

to부정사로 설명하기

Get me something to write with.
원가쓸 것 좀 주세요. (필기도구)

Do you have anything to tie this box with?
이 박스를 묶을 만한 것이 있나요? (끈 종류)

I have something to tell you. ✓ ○ ○

I have nothing to hide. ○ ○ ○

I have a lot of work to do today. ○ ○ ○

I didn't have a chance to travel overseas in my thirties. ○ ○ ○

나 너한테 할 얘기가 있어.
난 아무것도 숨길 것이 없어.
난 오늘 할 일이 아주 많아.
난 삼십 대에 해외여행을 할 기회가 없었어.

I have no reason to lie to you. ○ ○ ○

He has no time to talk with you. ○ ○ ○

He has every reason to complain about it. ○ ○ ○

She has many brothers and sisters to take care of. ○ ○ ○

제가 당신에게 거짓말을 할 이유가 없잖아요.
그는 당신과 이야기할 시간이 없어요.
그는 그것에 대해 불평할 만한 충분한 이유가 있다.
그녀는 돌봐야 할 동생들이 많아.

It's time to say good bye now. ○ ○ ○

I didn't have enough time to do the work. ○ ○ ○

You have nothing to worry about. ○ ○ ○

He has no friend to help him. ○ ○ ○

이제 작별인사를 할 시간이야.
난 그 일을 할 시간이 충분하지 않았어.
넌 아무것도 걱정할 것 없어.
그를 도와줄 친구가 아무도 없어.

01 나 너한테 할 얘기가 있어.

I have something __ __ you.

02 이제 작별인사를 할 시간이야.

It's _____ _ ___ good bye now.

03 제가 당신에게 거짓말을 할 이유가 없잖아요.

I have __ _____ __ __ to you.

04 난 아무것도 숨길 것이 없어.

I have nothing __ ____.

05 넌 아무것도 걱정할 것 없어.

You have _____ __ _____ _____.

06 그는 당신과 이야기할 시간이 없어요.

He has __ ____ __ _____ with you.

07 그를 도와줄 친구가 아무도 없어.

He has __ _____ __ him.

하도록 시키는 사역동사
let/make/help

그래머
브리핑

사역동사는 '~에게 …을 시키다'라는 뜻을 가진 동사로 [사역동사+목적어+동사원형] 형태로 씁니다. 목적어 뒤에 나오는 동사원형은 '원형부정사'라고 하는데 이는 to 없는 부정사를 말합니다. 원형부정사는 사역동사를 비롯한 특정한 경우에 [동사+목적어+동사원형] 형태로 쓰이면서 목적어의 행위를 설명해 줍니다. 대표적인 사역동사로는 let과 make가 있는데 let은 '~가 …하도록 허락하다'라는 뜻이고, make는 '강제로 ~가 …하게 만들다'라는 뜻입니다. 어떻게 다른지 비교해 봅시다.

사역동사 let/make

let+목적어+동사원형

My parents let me go to the summer camp.
우리 부모님은 내가 여름 캠프 가는 걸 허락하셨다.

make+목적어+동사원형

My parents made me go to the summer camp.
우리 부모님은 나를 (강제로) 여름 캠프에 가게 만드셨다.

help는 '~하게 도와주다'는 의미로 다른 사역동사처럼 목적어 뒤에 동사원형이 올 수도 있고, to부정사가 올 수도 있어 준사역동사라고도 합니다. 또 목적어 없이 뒤에 바로 동사원형 혹은 to부정사가 올 수도 있습니다. 즉, [help+(목적어)+동사원형/to부정사]의 형태에서 목적어는 선택적으로 넣을 수 있습니다.

준사역동사 help

He helped me to move out.
그는 내가 이사 나가는 것을 도와줬다.

Exercise can help reduce stress.
운동은 스트레스 줄이는 것을 돕는다.

Let me go!

Let me explain how to use this machine.

Let me show you a sample of this product.

You should not let your dog loose. *

*loose 느슨하게 하다

날 놔 줘!
제가 이 기계의 작동법을 설명해 드릴게요.
제가 이 상품의 샘플을 보여 드리겠습니다.
개를 풀어 놓으면 안 됩니다.

Jogging makes me feel good.

The teacher made us memorize the poem.

Don't make me wait too long.

Don't make me feel guilty. *

*guilty 죄책감이 드는

조깅을 하면 기분이 좋아져.
선생님은 우리에게 그 시를 외우게 하셨다.
날 오래 기다리게 하지 마.
나 죄책감 느끼게 하지 마.

I helped him set the table.

Could you help me carry this suitcase? *

He helped me prepare the presentation.

My mother often helped me do my homework.

*carry 나르다

난 그가 상 차리는 것을 도왔다.
이 가방 옮기는 걸 도와주시겠어요?
그는 내가 프레젠테이션 준비하는 것을 도와주었다.
우리 어머니는 종종 내가 숙제하는 것을 도와주셨어.

01 날 놔 줘!

_____ me _____ !

02 조깅을 하면 기분이 좋아져.

_____ _____ me ____ good.

03 날 오래 기다리게 하지 마.

Don't _____ me _____ too long.

04 이 가방 옮기는 걸 도와주시겠어요?

Could you _____ me _____ this suitcase?

05 나 죄책감 느끼게 하지 마.

_____ _____ me feel _____.

06 개를 풀어 놓으면 안 됩니다.

You should not ____ your dog _____.

07 난 그가 상 차리는 것을 도왔다.

I _____ him ____ the _____.

다양한 to부정사 표현 ①

It takes~ to / enough to

그래머
브리핑

to부정사 표현 몇 가지를 더 알아보겠습니다. 먼저 여행영어의 단골 표현인 '~하는 데 얼마의 시간이 걸리다'는 [It takes+(사람)+시간+to부정사]나 [It takes+시간+(for 목적격)+to부정사]라고 합니다. 참고로 괄호 부분은 생략해도 괜찮습니다.

to부정사 '~하는 데 얼마의 시간이 걸리다'

It takes+(사람)+시간+to부정사
It takes+시간+(for 목적격)+to부정사

It takes (me) 30 minutes to go there.
(내가) 거기까지 가는데 30분이 걸린다.

too-to 용법이라는 말 들어본 적 있으시죠? '너무 …해서 ~할 수 없다'라는 뜻을 가진 [too+형용사/부사+to부정사]도 to부정사의 다양한 활용법 중 하나입니다. 또 '…할 만큼 충분히 ~하다'라는 뜻의 [형용사+enough+to부정사]도 많이 쓰는 표현입니다. enough는 부사로 쓰일 경우 '충분하게'라는 뜻으로 형용사 뒤에 위치하고, 형용사로 쓰일 경우 '충분한'이라는 뜻으로 명사 앞에 놓입니다.

to부정사 '~할 만큼 충분한'

형용사+enough+to부정사
I am rich enough to buy the car.
나는 그 차를 살만큼 충분히 부유하다.

enough+명사+to부정사
He doesn't have enough money to buy the car.
그는 그 차를 살만큼 충분한 돈을 가지고 있지 않다.

It took two hours to go there by car. ✓ ○ ○

It took her three days to finish the report.	○ ○ ○
It won't take too long to fix this computer.	○ ○ ○
It will take some time to get used to the new system.*	○ ○ ○

*get used to ~에 익숙해지다

거기 차로 가는 데 2시간이 걸렸어.
그녀가 그 보고서를 끝내는 데 3일이 걸렸다.
이 컴퓨터를 고치는 데 오랜 시간이 걸리지는 않을 것이다.
새로운 시스템에 적응하려면 어느 정도 시간이 걸릴 거예요.

She is too young to get married. ○ ○ ○

He is too old to drive a car.	○ ○ ○
This tablet computer is too big to carry around.	○ ○ ○
The movie was too difficult for me to understand.	○ ○ ○

그녀는 결혼하기에 나이가 너무 어리다.
그는 차를 운전하기에 너무 나이가 많다.
이 태블릿은 들고 다니기에는 너무 크다.
그 영화는 내가 이해하기엔 너무 어려웠다.

I was lucky enough to pass the test. ○ ○ ○

This laptop computer is not fast enough to use.	○ ○ ○
The cell phone is small enough to put in my pocket.	○ ○ ○
He was kind enough to take me to the hospital.	○ ○ ○

난 그 시험에 합격할 정도로 운이 좋았어.
이 노트북은 쓰기에는 속도가 충분히 빠르지 않아.
그 휴대폰은 내 주머니에 들어갈 정도로 작아.
그는 나를 병원에 데려다줄 정도로 친절했어.

01 그녀는 결혼하기에 나이가 너무 어리다.

She is too young ___ ___ _____.

02 그는 차를 운전하기에 너무 나이가 많다.

He is ___ ___ ___ ___ **a car.**

03 난 그 시험에 합격할 정도로 운이 좋았어.

I was lucky enough ___ _____ **the** ___.

04 그는 나를 병원에 데려다 줄 정도로 친절했어.

He was _____ **enough** ___ _____ **me to the hospital.**

05 거기 차로 가는 데 2시간이 걸렸어.

___ _____ **two hours** ___ ___ **there by car.**

06 그녀가 그 보고서를 끝내는 데 3일이 걸렸다.

It took her three days ___ **the** _____.

07 이 컴퓨터를 고치는 데 오랜 시간이 걸리지는 않을 것이다.

It won't take too long ___ ___ **this computer.**

다양한 to부정사 표현 ②

[의문사+to부정사]

그래머
브리핑

how, what, where, when 등의 의문사는 질문을 하거나 대답을 할 때 자주 등장하는 아주
중요한 요소입니다. 이런 의문사가 [의문사+to부정사]의 형태일 때는 문장에서 명사 역할
을 하며 주로 목적어로 쓰입니다. 예를 들어, how to use~는 '~을 사용하는 방법'이라는
뜻의 명사가 되고, 이것을 문장에 넣어 I don't know how to use this.(난 이거 사용법을
모르겠어.)라고 활용할 수 있습니다. 참고로 [why+to부정사]는 쓰지 않는 표현이니 아래의
표 내용만 알아두세요.

의문사+to부정사

what+to부정사	무엇을 ~할지	**how+to부정사**	어떻게 ~할지, ~하는 방법
where+to부정사	어디에 ~할지	**when+to부정사**	언제 ~할지
		whom+to부정사	누구를 ~할지

'절'은 주어와 동사가 포함된 단어 2개 이상의 조합을 말하고, '구'는 주어 동사 관계가 아니
면서 단어가 2개 이상 모인 것을 말합니다. 따라서 [의문사+to부정사]는 의문사구라고 하
죠. 이 의문사구는 [의문사+주어+동사~]의 형태인 의문사절로 바꿔서 말할 수도 있습니다.
그래서 같은 내용을 아래처럼 두 가지로 말할 수 있죠.

명사 역할을 하는 의문사절과 의문사구

I don't know <u>what I should do.</u> (의문사절)

↓

I don't know <u>what to do.</u> (의문사구)

난 뭘 해야 할지 모르겠어.

I didn't know what to say at that time. ✓ ○ ○

It's not easy to decide what to eat for lunch. ○ ○ ○

She couldn't decide what to wear for the wedding. ○ ○ ○

Do you know what to do in case of fire? ○ ○ ○

난 그때 무슨 말을 해야 할지 몰랐어.
점심을 뭘 먹을지 결정하는 건 쉬운 일이 아니야.
그녀는 결혼식 날 무엇을 입어야 할지 결정할 수 없었다.
불이 나면 뭘 해야 하는지 너 알아?

I didn't know how to lose weight. ○ ○ ○

I didn't know how to deal with stress. * ○ ○ ○

I didn't know how to make up with her. * ○ ○ ○

My father taught me how to ride a bike. ○ ○ ○

* deal with 처리하다
make up with ~와 화해하다

난 살 빼는 방법을 몰랐어.
난 스트레스 해소법을 몰랐어.
난 그녀와 어떻게 화해하는지를 몰랐어.
우리 아빠는 나에게 자전거 타는 법을 가르쳐 주셨어.

I don't know how to ski. ○ ○ ○

I don't know where to go. ○ ○ ○

I don't know what to buy. ○ ○ ○

I don't know whom to trust. ○ ○ ○

난 스키 타는 법을 몰라.
난 어디로 가야 할지 모르겠어.
난 무엇을 사야 할지 모르겠어.
난 누구를 믿어야 할지 모르겠어.

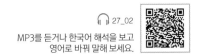
01 난 스키 타는 법을 몰라.

I don't know ___ __ ___.

02 난 그때 무슨 말을 해야 할지 몰랐어.

I _____ _____ _____ __ ___ at that time.

03 난 살 빼는 방법을 몰랐어.

I didn't know ___ __ ___ ___.

04 난 무엇을 사야 할지 모르겠어.

I don't know ___ __ ___.

05 난 스트레스 해소법을 몰랐어.

I didn't know ___ __ ___ ___ stress.

06 불이 나면 뭘 해야 하는지 너 알아?

Do you know ___ __ __ in case of fire?

07 난 어디로 가야 할지 모르겠어.

__ __ ___ _____ _____ __ ___.

동사를 명사로 쓰기 ①

동명사

그래머
브리핑

동명사는 이름처럼 동사를 명사로 바꾼 것을 말합니다. 대부분은 동사원형 끝에 -ing를 붙여 만들죠. 동명사 역시 to부정사처럼 명사 역할을 하므로 문장에서 주어, 목적어, 보어가 될 수 있습니다.

동명사 활용

| swim 수영하다 | → | swimming 수영하기 |

Swimming is fun.
주어
수영하는 것은 재미있다.

I like **swimming**.
목적어
나는 수영하는 것을 좋아한다.

My hobby is **swimming**.
보어
내 취미는 수영하는 것이다.

타동사는 목적어가 필요한 동사인데, 이때 목적어로는 명사가 옵니다. 이 명사 자리에 동명사, to부정사도 올 수 있죠. like, begin, start, prefer는 to부정사와 동명사 둘 다 목적어로 쓸 수 있는 동사입니다. 또 어느 것이 오든지 뜻이 동일하죠. 반면 forget, regret, remember 는 to부정사와 동명사 둘 다 목적어로 쓸 수 있지만, 무엇이 오느냐에 따라 뜻이 달라집니다. 뒤에 동명사가 오면 과거에 한 일을 뜻하고, to부정사가 오면 미래에 할 일을 뜻합니다.

동명사/to부정사 목적어

I forgot **buying** juice. → 과거
주스 샀던 것을 깜박했어.

I forgot **to buy** juice. → 미래
주스 사야 하는 걸 깜박했어.

Smoking is really bad for your health. ✓ ○ ○

Washing the dishes really annoys me. ○ ○ ○

My hobby is golfing and I go golfing every weekend. ○ ○ ○

Working as a delivery driver is very tiring. * ○ ○ ○

*tiring 피곤한

흡연은 당신의 건강을 매우 해칩니다.
설거지는 정말 나를 짜증나게 해.
취미가 골프 치는 거라서 난 매주 주말마다 골프를 치러 가.
택배기사로 일한다는 것은 매우 피곤한 일이다.

I enjoy watching movies on TV at home. ○ ○ ○

I always practice speaking English after work. ○ ○ ○

He doesn't mind working late or working on holidays. * ○ ○ ○

My father keeps trying to stop smoking. ○ ○ ○

*mind 꺼리다

난 집에서 TV로 영화 보는 걸 좋아해.
난 퇴근 후에 항상 영어회화를 연습해.
그는 야근이나 주말에 일하는 것도 마다하지 않는다.
우리 아버지는 계속 담배를 끊으려고 노력 중이셔.

I regret saying such a thing to her. ○ ○ ○

I started studying for the final exam three days ago. ○ ○ ○

Some people like eating out but I prefer to cook at home. * ○ ○ ○

He forgot borrowing some money from me. ○ ○ ○

*prefer ~을 좋아하다

난 그녀에게 그런 말을 한 걸 후회해.
난 3일 전에 기말고사 공부를 시작했어.
어떤 사람들은 외식을 좋아한다지만 난 집에서 요리하는 게 더 좋아.
그는 나한테서 돈을 빌렸던 걸 잊고 있었어.

01 택배기사로 일한다는 것은 매우 피곤한 일이다.

_____ as a delivery driver is very _____.

02 흡연은 당신의 건강을 매우 해칩니다.

_____ is really ____ __ your health.

03 설거지는 정말 나를 짜증나게 해.

_____ the _____ really annoys me.

04 그는 나한테서 돈을 빌렸던 걸 잊고 있었어.

He _____ _____ some money from me.

05 난 집에서 TV로 영화 보는 걸 좋아해.

I _____ _____ movies on TV at home.

06 우리 아버지는 계속 담배를 끊으려고 노력 중이셔.

My father _____ _____ stop _____.

07 난 그녀에게 그런 말을 한 걸 후회해.

I _____ _____ such a thing to her.

동사를 명사로 쓰기 ②

[전치사+동명사]

그래머
브리핑

전치사는 문장에 명사를 이어주는 역할을 합니다. 따라서 전치사 뒤에는 명사가 오고, 동사
는 올 수 없습니다. 하지만 동사에 -ing를 붙인 동명사는 전치사 뒤에 쓸 수 있습니다. 동
명사도 명사이기 때문이죠.

전치사구로 동명사 활용

전치사+동명사
He is good **at singing.**
그는 노래를 잘한다.

to는 [to+동사원형] 형태의 부정사로 쓰기도 하지만 go to school처럼 전치사로도 활용합
니다. to를 전치사로 쓰는 대표적 표현으로는 [look forward to+(동)명사]와 [devote ~
to+(동)명사], [be accustomed to+(동)명사], [be used to+(동)명사]가 있습니다. 이런 표
현은 to 뒤에 동사원형이 올거라고 생각하면 안 됩니다. 참고로 형태가 비슷한 [used to +
동사원형]은 '~하곤 했다'라는 뜻으로 과거의 습관이나 행동을 말하는 표현이니 구분해서
사용하세요.

[전치사 to+동명사] 표현

I'm **looking forward to seeing** you again.
당신을 다시 만나기를 바랍니다.

I'm **used to using** a computer.
나는 컴퓨터 사용에 익숙하다.

I'm interested in blogging. ✓ ○ ○

I'm sorry for making a noise. ○ ○ ○
I'm sick and tired of eating the same food everyday. * ○ ○ ○
I'm tired from not getting enough sleep at night. ○ ○ ○

* sick and tired of ~에 질린

난 블로그 운영에 관심이 있어.
소란을 피워서 죄송합니다.
난 매일 같은 음식을 먹는 것에 질렸어.
난 밤에 잠을 충분히 못자서 피곤해.

Thank you for inviting me to the wedding. ○ ○ ○

I'm worried about losing my job. ○ ○ ○
He's good at mimicking other people's voices. * ○ ○ ○
Don't be afraid of making mistakes when you speak English. ○ ○ ○

* mimic 흉내를 내다

결혼식에 초대해 주셔서 감사합니다.
난 실직할까봐 걱정돼.
그는 다른 사람의 성대모사를 잘해.
영어로 말할 때 실수하는 걸 두려워하지 마.

I'm used to doing this kind of work. ○ ○ ○

I'm accustomed to eating spicy food. * ○ ○ ○
I'm looking forward to having dinner with you. ○ ○ ○
He devoted his life to helping poor people. * ○ ○ ○

* accustomed 익숙한
devote 헌신하다

난 이런 종류의 일을 하는 데 익숙해.
난 매운 음식 먹는 데 익숙해.
난 당신과의 저녁 식사가 몹시 기다려져.
그는 인생을 가난한 사람을 돕는데 바쳤다.

01 난 매운 음식 먹는 데 익숙해.

I'm _____ __ _____ spicy food.

02 소란을 피워서 죄송합니다.

I'm sorry ___ _____ a noise.

03 결혼식에 초대해 주셔서 감사합니다.

Thank you ___ _____ me to the wedding.

04 난 실직할까봐 걱정돼.

I'm worried _____ _____ my job.

05 난 블로그 운영에 관심이 있어.

I'm interested __ _____ .

06 난 이런 종류의 일을 하는 데 익숙해.

I'm _____ __ _____ this kind of work.

07 그는 인생을 가난한 사람을 돕는데 바쳤다.

He devoted his life ___ _____ poor people.

다양한 동명사 표현

특정 동사나 표현 뒤에는 일종의 법칙처럼 동명사가 나옵니다. 안타깝지만, 이런 경우는 암기해야 합니다. 대표적으로 spend(보내다), waste(허비하다), be busy in(~하느라 바쁘다), have a problem in(문제가 있다) 등은 뒤에 동명사가 옵니다. 참고로 여기서 전치사 in은 생략하는 경우가 많고, have a problem의 problem은 trouble이나 difficulty로 바꿔도 좋습니다.

다양한 동명사 표현

spend+시간 (in) -ing	~하는 데 얼마의 시간을 쓰다
be busy (in) -ing	~하느라 바쁘다
have difficulty/trouble/a problem (in) -ing	~하는 데 어려움을 겪다
have a good/hard time (in) -ing	~하면서 즐거운/힘든 시간을 보내다
be worth -ing	~할 가치가 있다
How about -ing ~?	~하는 게 어때?

반대로 전치사 뒤에 주로 명사를 취하는 경우도 있습니다. have a problem with, be busy with 뒤에는 동명사가 오지 않고 대개 명사가 옵니다. 이 표현을 활용해서 '그는 일로 바쁘다'를 말한다면 He is busy with his work.가 되는 것이죠.

I had **no problem finding this office.** ✔ ○ ○

I spend the weekend sitting **around at home.** *	○ ○ ○
I have **no problem communicating in English.**	○ ○ ○
I wasted **my twenties drinking and partying.**	○ ○ ○

* sit around at home 집에서 빈둥대다

이 사무실을 찾는 데 아무런 문제가 없었어요.
난 주말을 집에서 빈둥거리면서 보낸다.
난 영어로 의사소통하는 데 문제없어.
난 20대를 술과 유흥으로 보냈어.

I had **a hard time getting a job at first.** ○ ○ ○

I had **a hard time paying off the loan.** *	○ ○ ○
I had **difficulty in getting the train ticket during the Sul holiday.**	○ ○ ○
I had **a good time dancing at the club last weekend.**	○ ○ ○

* loan 대출

난 처음에 직장을 얻느라 고생했어.
난 대출을 다 갚느라 고생했어.
난 설 연휴에 기차표를 사는 데 어려움을 겪었어.
난 지난 주말에 클럽에서 춤을 추며 즐거운 시간을 보냈어.

He is **busy doing two jobs.** ○ ○ ○

They **are busy harvesting crops at this time of the year.** *	○ ○ ○
This movie **is worth watching twice.**	○ ○ ○
How about **going out for a walk?**	○ ○ ○

* harvest 수확하다

그는 두 가지 일을 하느라 바쁘다.
그들은 해마다 이맘때 농작물을 수확하느라 바쁘다.
이 영화는 두 번 볼 만한 가치가 있다.
산책하러 나가는 건 어때?

01 이 영화는 두 번 볼 만한 가치가 있다.

This movie is _____ _____ twice.

02 난 주말을 집에서 빈둥거리면서 보낸다.

I _____ ___ _____ _____ around at home.

03 산책하러 나가는 건 어때?

How _____ _____ ___ for a walk?

04 난 처음에 직장을 얻느라 고생했어.

I ___ a _____ _____ _____ a job at first.

05 난 대출을 다 갚느라 고생했어.

I ___ a _____ _____ _____ __ the loan.

06 그는 두 가지 일을 하느라 바쁘다.

He is _____ _____ two jobs.

07 이 사무실을 찾는 데 아무런 문제가 없었어요.

I ___ ___ _____ _____ this office.

31 동사를 형용사로 쓰기

분사

그래머 브리핑

동사를 −ing나 p.p. 형태로 바꿔서 형용사로 쓰는 것을 '분사'라고 합니다. 분사에는 '~하고 있는'이라는 진행을 나타내는 현재분사(동사원형−ing)와 '~되어진'으로 수동 의미를 지닌 과거분사(p.p.)가 있습니다. 분사는 형용사이므로 명사를 꾸며 주는 역할을 하거나 be 동사와 함께 써서 서술어가 될 수 있습니다.

분사 = 형용사

현재분사 (동사원형-ing)	'~하고 있는' → 진행형용사	**running** 달리고 있는 **sleeping** 자고 있는
과거분사(p.p.)	'~되어진' → 수동형용사	**built** 지어진 **invited** 초대받은

보통 동사는 take−took−taken처럼 3단 변화를 모두 외웁니다. 여기서 take−took은 현재형 동사−과거형 동사지만 마지막 p.p. 형태의 과거분사 taken은 수동 의미를 지닌 형용사라는 점을 꼭 기억하세요. 과거분사는 동사가 아니라 형용사!

동사의 3단 변화

love — loved — loved ↘ 수동 의미를 가진 형용사
사랑하다　　사랑했다　　사랑받는

A barking dog never bites. *

✔ ○ ○

Look at the sleeping baby. Isn't he so cute? ○ ○ ○

Who is the man waiting outside? ○ ○ ○

The dancing girl on the stage is my sister. ○ ○ ○

* bark 짖다

짖는 개는 절대 물지 않는다.
자고 있는 아기 좀 봐. 정말 귀엽지 않니?
밖에서 기다리고 있는 남자는 누구야?
무대에서 춤추고 있는 여자애가 내 동생이야.

I don't like to eat canned food. *

○ ○ ○

Can I have an iced coffee? ○ ○ ○

I bought a used car at a low price. * ○ ○ ○

I couldn't get in the house because of the door locked from inside. ○ ○ ○

* canned 통조림으로 된
used car 중고차

난 통조림 음식을 먹는 건 좋아하지 않아.
아이스 커피를 마실 수 있나요?
난 중고차를 저렴한 가격에 샀어.
문이 안에서 잠겨서 집에 들어갈 수가 없었어.

I was shocked to hear the news.

○ ○ ○

It was really a shocking incident for me. * ○ ○ ○

The game was exciting, so we were excited. ○ ○ ○

The class was boring, so I was bored. ○ ○ ○

* incident 사건

난 그 뉴스를 듣고 충격을 받았다.
그건 나한테는 정말 충격적인 사건이었어.
그 게임이 흥미진진해서 우리는 신이 났다.
그 수업이 지루해서 난 지루해졌어.

01 난 그 뉴스를 듣고 충격을 받았다.

I _____ _____ **to hear the news.**

02 짖는 개는 절대 물지 않는다.

A _____ ___ **never bites.**

03 난 통조림 음식을 먹는 건 좋아하지 않아.

I don't like to eat _____ ___ .

04 그 수업이 지루해서 난 지루해졌어.

The class was _____ , **so I was** _____ .

05 아이스 커피를 마실 수 있나요?

Can I have an ____ _____ ?

06 밖에서 기다리고 있는 남자는 누구야?

Who is the ____ _____ _____ ?

07 난 중고차를 저렴한 가격에 샀어.

I _____ **a** ____ ___ **at a low price.**

현재분사

진행형

그래머
브리핑

[be동사+현재분사] 형태를 가리켜 진행형이라고 하고, '~하고 있다'는 뜻으로 씁니다. 형용사인 현재분사(동사원형 - ing) 앞에 be동사가 와서 서술어가 된 것이죠. 이때 시제는 be동사가 결정합니다. 가령 am, are, is와 같이 현재시제라면 현재진행형이 되고 was, were와 같이 과거라면 과거진행형이 됩니다.

[be동사+현재분사] = 진행형

be동사+현재분사 → ~하고 있다
I am eating a hamburger.

난 햄버거를 먹고 있어.

[be동사+현재분사]는 진행형뿐 아니라 단기간의 습관이나 행동을 표현하기도 합니다. 현재시제처럼 말이죠. 이 경우는 주로 always 등의 부사와 함께 불평, 불만을 표시할 때 자주 사용합니다.

[현재시제 be동사+현재분사] = 습관/상태

Why are you always playing with a smartphone?
넌 왜 항상 스마트폰만 하고 있니?

He is looking for a job these days.
그 사람 요즘 직장을 알아보고 있어.

I'm just looking around.   ✓ ○ ○

He is watching TV in the living room.   ○ ○ ○

Flowers are coming out and trees are beginning to leaf. *   ○ ○ ○

Summer vacation is coming to an end.   ○ ○ ○

* leaf 잎이 나다

그냥 둘러보는 거예요.
그는 거실에서 TV를 보고 있어.
꽃들이 피어나고 나무들은 잎이 나기 시작한다.
여름 방학이 끝나 간다.

현재의 습관/상태

You are always forgetting things.   ○ ○ ○

I'm working at the gas station at night.   ○ ○ ○

I'm taking an English class these days.   ○ ○ ○

Why are you always complaining about everything?   ○ ○ ○

넌 항상 뭔가를 까먹더라.
난 밤에 주유소에서 알바를 하고 있어.
난 요즘 영어 수업을 듣고 있어.
넌 왜 매사에 늘 불평불만이니?

과거 진행

I was thinking about something else.   ○ ○ ○

When I called you yesterday, what were you doing?   ○ ○ ○

While she was cooking, she burned her finger.   ○ ○ ○

I was sleeping when you knocked on the door.   ○ ○ ○

나 딴생각을 하고 있었어.
내가 어제 너한테 전화했을 때 뭐 하고 있었어?
그녀는 요리를 하던 도중에 손을 데었다.
네가 방문을 두드렸을 때 난 자고 있었어.

01 그는 거실에서 TV를 보고 있어.

He ___ _____ ___ in the living room.

02 난 요즘 영어 수업을 듣고 있어.

I'm _____ an _____ _____ these days.

03 여름 방학이 끝나 간다.

Summer vacation __ _____ __ an ___.

04 나 딴생각을 하고 있었어.

____ _____ _____ something else.

05 그냥 둘러보는 거예요.

I'm just _____ _____.

06 난 밤에 주유소에서 알바를 하고 있어.

____ _____ at the gas station at night.

07 넌 항상 뭔가를 까먹더라.

You ___ always _____ things.

과거분사

수동태

수동태는 '주어가 어떤 동작을 당하다'라는 뜻으로 [주어+be동사+과거분사(p.p.)]의 형태입니다. 그렇기 때문에 과거분사만 제대로 알면 수동태도 쉽게 이해할 수 있죠. 과거분사와 be동사가 함께 쓰여 서술어가 되면서 '주어가 ~되어 지다'라고 해석됩니다. 덧붙여 동작의 행위자는 [by+행위자] 형태로 문장 뒤에 추가할 수도 있습니다.

수동태

be동사+과거분사(수동형용사) → ~되어 지다
I am loved by him.
나는 그에 의해 사랑받는다.

능동문과 수동문을 비교하면 수동태의 변환 과정을 더 잘 이해할 수 있습니다. 능동문을 수동문으로 바꿀 때는 능동문의 목적어가 수동문의 주어가 됩니다. 그러니 오직 목적어를 가지는 타동사만이 수동태가 될 수 있겠죠. 목적어가 없는 자동사는 수동문으로 바꿀 주어가 없기 때문에 수동태 문장 자체가 성립될 수 없습니다.

능동문을 수동문으로 바꾸기

능동 He loves me. 그는 나를 사랑한다.

수동 I am loved by him. 난 그에 의해 사랑받는다.

I was scolded by the teacher. * ✔ ○ ○

I was raised by my grandmother when I was young. ○ ○ ○

She was respected by everybody. ○ ○ ○

I'm bitten by mosquitos a lot in summer. * ○ ○ ○

* scold 야단치다
mosquito 모기

나 선생님한테 혼났어.
난 어렸을 때 할머니 손에 컸어.
그녀는 모두에게 존경받았다.
난 여름에 모기에게 많이 물려.

Smoking is not allowed here. ○ ○ ○

He was badly hurt in the car accident. ○ ○ ○

He was hit by a car and he was taken to the hospital. ○ ○ ○

Many of his friends were invited to the housewarming party. * ○ ○ ○

* housewarming party 집들이

여기에서는 흡연 금지입니다.
그는 교통사고로 심하게 부상을 당했다.
그는 차에 치였고 병원으로 이송되었다.
그의 많은 친구들이 집들이에 초대됐다.

The wedding was held at a church. * ○ ○ ○

The apartment was built 20 years ago. ○ ○ ○

It was a holiday and the shop was closed. ○ ○ ○

The work should be finished by tomorrow. ○ ○ ○

* hold (행사를) 개최하다

그 결혼식은 교회에서 열렸다.
그 아파트는 20년 전에 건축됐다.
그날은 휴일이어서 가게가 닫혀있었다.
그 일은 내일까지는 완료되어야 한다.

01 그 결혼식은 교회에서 열렸다.

The wedding ___ ___ at a church.

02 나 선생님한테 혼났어.

I ___ _____ by the teacher.

03 난 여름에 모기에게 많이 물려.

I'm _____ __ mosquitos a lot in summer.

04 여기에서는 흡연 금지입니다.

Smoking __ __ _____ here.

05 그는 교통사고로 심하게 부상을 당했다.

He ____ badly ____ in the car accident.

06 그 아파트는 20년 전에 건축됐다.

The apartment ____ ____ 20 years ago.

07 그녀는 모두에게 존경받았다.

She ___ _____ __ everybody.

현재완료: 경험
~한 적 있다

현재완료(have+p.p.)는 과거의 한 시점에서 현재까지 이어지는 동안의 경험, 결과, 계속된 상황이나 완료된 상태를 나타냅니다. '과거'는 과거의 한 시점에 행해진 것(현재에 영향을 주는지 여부는 알 수 없음)을 나타내는 반면, '현재완료'는 과거에 일어난 일이 지금까지 영향을 미친다는 것을 표현하는 게 차이점이죠. 과거분사(p.p.)는 '~이 된'이라는 수동의 의미가 있지만, have와 함께 쓰면 수동이 아닌 '동작이 완료된 상태'를 뜻합니다. 즉, 현재완료에서의 과거분사는 원래 가지고 있던 동사의 뜻을 그대로 나타냅니다.

현재완료(have p.p.)

과거 한 시점에서 현재까지의 완료, 경험, 결과, 계속

| 과거 | 현재 | 미래 |

현재완료는 우리에게 익숙지 않은 시간 개념이기 때문에 기초 과정에서는 현재완료의 '경험'과 '결과'만 알아도 충분합니다. 그럼 먼저 현재완료의 '경험'을 알아봅시다. '경험'은 말 그대로 과거의 한 시점에서 현재까지의 경험을 나타내며 '~한 적이 있다'는 뜻입니다. 이는 '~했었다'는 단순 과거시제와는 의미가 다릅니다. 현재완료 부정은 have와 과거분사 사이에 부정을 뜻하는 not이나 never를 넣으면 됩니다.

현재완료 : 경험

I have been to China. → 현재완료 : 경험
난 중국에 가 본 적이 있다.

I went to China three years ago. → 과거
나는 3년 전에 중국에 갔었다.

I've been there twice.   ✓ ○ ○

I've done this before.   ○ ○ ○

I've seen her somewhere before.   ○ ○ ○

He has watched the movie twice.   ○ ○ ○

She has heard the rumor before.   ○ ○ ○

He has had three surgeries on his right knee.   ○ ○ ○

난 거기 두 번 가 봤어.
난 이 일을 해 본 적이 있어.
난 전에 그녀를 어디에선가 본 적이 있어.
그는 그 영화를 두 번 본 적이 있다.
그녀는 그 소문을 예전에 들은 적이 있다.
그는 오른쪽 무릎을 세 번 수술한 적이 있다.

I've never been so busy like this.   ○ ○ ○

I've never seen you act like this before.   ○ ○ ○

I've never tried Mexican food before.   ○ ○ ○

I've never heard anything so ridiculous.   ○ ○ ○

She has never met him in person. *   ○ ○ ○

He has never cheated on his wife. *   ○ ○ ○

* in person 직접, 몸소
cheat on 바람을 피우다, ~를 속이다

난 이렇게 바빴던 적이 없었어.
난 여태 네가 이러는 걸 본 적이 없어.
나는 한 번도 멕시코 음식을 먹어 본 적이 없다.
난 그런 말도 안 되는 소리를 들어 본 적이 없어요.
그녀는 그를 직접 만난 적이 한 번도 없다.
그는 부인을 두고 한 번도 바람을 피운 적이 없다.

01 그는 부인을 두고 한 번도 바람을 피운 적이 없다.

He ____ never _____ ____ his wife.

02 그는 그 영화를 두 번 본 적이 있다.

He ____ _____ the movie twice.

03 난 거기 두 번 가 봤어.

____ ____ _____ twice.

04 그녀는 그 소문을 예전에 들은 적이 있다.

She ____ _____ the rumor _____.

05 그녀는 그를 직접 만난 적이 한 번도 없다.

She ____ _____ _____ him in person.

06 난 이렇게 바빴던 적이 없었어.

____ ____ _____ so _____ like this.

07 난 이 일을 해 본 적이 있어.

____ ____ this before.

현재완료: 계속

~해 왔다

이번엔 현재완료(have+p.p.)의 또 하나의 의미인 '계속'에 대해 알아봅시다. 현재완료의 계속적 용법은 과거에서 시작되어 현재까지 계속되는 상황을 말할 때 씁니다. 일반 과거시제로는 현재까지 계속되는 상황은 전달할 수 없기 때문에 이런 경우에는 현재완료를 써야 합니다.

현재완료 : 계속

→ I have의 줄임말
I've known him for a long time.
난 그를 오랫동안 알아 왔어.

덧붙여 [현재완료+since]는 '~ 이래로 …해 왔다'는 의미입니다. 이때, since는 접속사는 물론 전치사로도 쓰여 뒤에 절(주어+동사)이나 명사가 올 수 있습니다.

통으로 외워두면 좋은 현재완료 표현으로 It's been a while since~가 있는데 '~한 지 오랜만이다, ~한 지 꽤 됐다'는 뜻입니다. 따라서, It's been a while since we talked on the phone.라고 하면 '우리가 통화한 지도 참 오래 되었네요.'라는 말입니다. 이때 It's는 It is가 아닌 It has의 줄임말입니다. 같은 말을 It's been a long time since~라고 할 수도 있습니다.

[현재완료+since]

~이래로 …해 왔다	[현재완료+since]+과거시점 명사
	[현재완료+since]+주어+과거동사
	It's been a while since+절/명사

I've known **him for a long time.** ✓ ○ ○

I have lived in Seoul for more than 20 years. ○ ○ ○

I haven't seen her for a while. * ○ ○ ○

How long have you had this pain? ○ ○ ○

* for a while 오랫동안

난 그를 오랫동안 알아 왔어.
전 서울에서 20년 넘게 살고 있어요.
난 그녀를 오랫동안 보지 못했어.
이 통증이 생긴 지 얼마나 되셨나요?

I **have lived** here since high school. ○ ○ ○

I haven't smoked since last year. ○ ○ ○

I've dated him since I met him in university. ○ ○ ○

I have worked here since I graduated from university. ○ ○ ○

난 고등학교 때부터 여기에서 살고 있어.
난 작년부터 담배를 끊었어.
난 대학에서 그를 만나고부터 그와 사귀고 있어.
난 대학 졸업하고 쭉 여기에서 일하고 있어.

It's been a while since **we last met.** ○ ○ ○

It's been a long time since I emailed you. ○ ○ ○

It's been a long time since I left the company. ○ ○ ○

It's been almost 10 years since I moved here. ○ ○ ○

우리 마지막으로 보고 꽤 오래 됐네요.
당신에게 이메일을 보낸 뒤 참 오랜만이네요.
제가 회사를 그만둔 후에 참 오랜만이네요.
내가 여기 이사 온 지도 거의 10년이 다 되어 가네.

01 당신에게 이메일을 보낸 뒤 참 오랜만이네요.

___ ___ a ___ ___ ___ I emailed you.

02 난 그녀를 오랫동안 보지 못했어.

I ___ ___ her ___ a ___ .

03 난 그를 오랫동안 알아 왔어.

___ ___ him for a long time.

04 난 고등학교 때부터 여기에서 살고 있어.

I ___ ___ here ___ high school.

05 난 작년부터 담배를 끊었어.

I ___ ___ ___ last year.

06 이 통증이 생긴 지 얼마나 되셨나요?

How long ___ you ___ this pain?

07 우리 마지막으로 보고 꽤 오래 됐네요.

___ ___ ___ ___ we last met.

문장 연결과
비교 표현

문장 연결 ①

부사절 접속사 when/if

그래머
브리핑

두 개의 문장을 하나로 연결하려면 접속사가 필요합니다. 이 접속사로 연결된 뒤의 문장이 부사 역할을 할 경우 이 접속사를 부사절 접속사라고 합니다. 참고로 절이란 [주어+동사]가 포함된 단어집합체로 마침표가 없다는 점에서 일반적인 문장과 다릅니다. 다시 말해, 문장과 문장이 접속사로 연결되어 한 문장이 되는 경우 접속사 앞뒤는 절이 되는 것입니다.

두 문장을 연결해 주는 접속사

나는 기분이 좋다.　　~할 때　　나는 기타를 친다.
I feel good. + **when** + **I play guitar.**
문장　　　　　접속사　　　　문장

나는 기타를 칠 때 기분이 좋다.
I feel good when I play guitar.
절　　　　접속사　　　절

시간과 조건을 나타내는 대표적인 부사절 접속사로는 when(~할 때)과 if(만약 ~한다면)가 있습니다. 이 부사절은 미래의 일을 말하더라도 현재 시제를 쓰는 것이 특징입니다. 아래 문장을 보면 조건을 나타내는 부사절에 tomorrow(내일)라는 내용이 있지만 it rains처럼 현재시제로 표현한 것을 확인할 수 있죠.

시간/조건을 나타내는 부사절 접속사

난 집에 있을 거야　　　　　　만약 내일 비가 온다면
I will stay at home if it rains tomorrow.
주절　　　　　　　　　　부사절(종속절)

When I feel stressed, I watch a movie. ✔ ○ ○

You should be careful when you cross the street. ○ ○ ○

She was my direct boss when I worked at the company. ○ ○ ○

My parents wanted me to be a teacher when I was young. ○ ○ ○

난 스트레스 받을 때 영화를 봐.
길을 건널 때 조심해야 한다.
그녀는 내가 그 회사에 다닐 때 직속 상사였어.
내가 어렸을 때 우리 부모님은 내가 교사가 되기를 원하셨어.

Is it okay if I use your cell phone? ○ ○ ○

If you don't have any plan this weekend, why don't we hike together? ○ ○ ○

If you have any good friends, can you hook me up? ○ ○ ○

I'm sorry if I hurt you. ○ ○ ○

네 휴대폰 좀 써도 될까?
만약 이번 주말에 네가 아무런 계획이 없으면 같이 등산하러 갈래?
너 혹시 괜찮은 친구가 있으면 나 소개해 줄래?
너한테 상처를 줬다면 미안해.

I'll call you when I get there. ○ ○ ○

When you go out, be sure to switch off the light. ○ ○ ○

If weather is good this weekend, I will go on a picnic. ○ ○ ○

If I go to London, I will visit the museum. ○ ○ ○

내가 거기 도착하면 전화할게.
외출할 때 불 끄는 거 잊지 마.
이번 주말에 날씨가 좋다면 나는 소풍을 갈 거야.
만약 내가 런던에 간다면 그 박물관에 가 볼 거야.

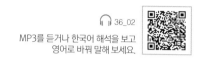
01 만약 내가 런던에 간다면 그 박물관에 가 볼 거야.

＿ I go to London, I ＿＿＿ the museum.

02 난 스트레스 받을 때 영화를 봐.

＿＿＿ I feel ＿＿＿＿, I watch a movie.

03 네 휴대폰 좀 써도 될까?

Is it ＿＿ I use your cell phone?

04 외출할 때 불 끄는 거 잊지 마.

＿＿＿ you go out, be ＿＿ to ＿＿＿ the light.

05 너한테 상처를 줬다면 미안해.

I'm ＿＿＿ I ＿ you.

06 내가 거기 도착하면 전화할게.

I'll call you ＿＿ I ＿ there.

07 길을 건널 때 조심해야 한다.

You should be ＿＿＿ ＿＿ you ＿＿ the street.

문장 연결 ②
부사절 접속사 after/before

after와 before는 전치사뿐 아니라 문장과 문장을 이어주는 접속사로도 씁니다. 즉, after와
before 또한 부사절 접속사로 쓸 수 있죠. after와 before를 접속사로 쓸 때는 선후 관계에
주의해야 합니다. 가령 'A before B'라면 A가 먼저 일어난 후에 B가 발생했다는 말이고, 반
대로 'A after B'는 B를 한 뒤에 A를 한다는 말입니다.

부사절 접속사 after/before

난 샤워를 했다   운동을 마치고

I took a shower **after** I finished workout.

주절   부사절(종속절) ↘ took a shower를 수식

after와 before가 접속사일 때는 뒤에 주어와 동사, 즉 절이 옵니다. 전치사일 때는 명사가
뒤따라옵니다. 이 명사 자리에는 명사의 일종인 대명사, 동명사도 올 수 있습니다.

접속사와 전치사일 때의 활용법 차이

접속사+주어+동사	**I felt much better** after **I took the medicine.** 난 약을 먹고 난 후에 훨씬 좋아졌다.
전치사+명사	**What do you usually do** after **school?** 넌 방과 후에 보통 뭐해? After **watching TV, I went to bed.** 난 TV를 본 후에 자려갔다.

I'll call you after I get there. ✓ ○ ○

I hope to improve my English after I take this class. ○ ○ ○

After she left me, I felt miserable. * ○ ○ ○

After I saw her, I fell in love with her. ○ ○ ○

* miserable 비참한

거기 도착하면 너한테 전화할게.
이 수업을 듣고 나서 내 영어가 향상되기를 바라고 있어요.
그녀가 떠난 후 난 비참함을 느꼈다.
그녀를 본 후에, 난 그녀와 사랑에 빠졌다.

Usually, I set the alarm before I go to bed. ○ ○ ○

You have to take some medicine before the cold gets worse. ○ ○ ○

We should eat something before we leave. ○ ○ ○

You need to come back before it gets dark. ○ ○ ○

난 보통 자기 전에 알람을 맞춰.
감기가 심해지기 전에 약을 꼭 먹어야 돼.
떠나기 전에 우리 뭘 좀 먹어야겠다.
날이 어두워지기 전에 돌아와야 해.

Why don't we shoot a pool after work? ○ ○ ○

I took a judo class but I quit it after getting an injury. * ○ ○ ○

We need to get there before three o'clock. ○ ○ ○

Don't forget to turn off all the light before going out. ○ ○ ○

* get an injury 부상을 입다

퇴근 후에 당구 치는 거 어때?
난 유도를 배웠는데, 부상을 당한 후에 그만뒀어.
우리는 3시 전까지 거기에 가야 돼.
외출 전에 모든 불을 끄는 거 잊지 마.

01 그녀가 떠난 후 난 비참함을 느꼈다.

_____ she left me, I felt miserable.

02 떠나기 전에 우리 뭘 좀 먹어야겠다.

We should _____ something _____ we _____ .

03 우리는 3시 전까지 거기에 가야 돼.

We need to get there _____ three o'clock.

04 날이 어두워지기 전에 돌아와야 해.

You need to come back _____ it _____ .

05 난 보통 자기 전에 알람을 맞춰.

Usually, I _____ the alarm _____ I go to bed.

06 거기 도착하면 너한테 전화할게.

I'll call you _____ I _____ there.

07 퇴근 후에 당구 치는 거 어때?

Why don't we _____ a pool _____ work?

문장 연결 ③
명사절 접속사 that

그래머 브리핑

앞서 부사절 접속사를 배웠습니다. 이번에는 접속사를 포함한 절이 명사 역할을 하는 명사절 접속사를 알아봅시다. 대표적 명사절 접속사인 that은 '~하는 것'으로 해석되며 [that+주어+동사]가 문장에서 주어/목적어/보어로 쓰입니다. 참고로 that절이 목적어일 경우 접속사 that은 생략할 수 있습니다.

명사절 접속사 that

난 안다   그가 친절하다는 것을
I know (that) he is kind.
주어   동사   목적어

영어에서는 주어가 to부정사로 길 경우 긴 주어를 가주어 it으로 바꾸고 to부정사로 연결된 부분을 문장 맨 뒤로 보냅니다. 마찬가지로 that절로 이어진 긴 문장이 주어일 때도 가주어 it을 쓰고 that절은 문장 맨 뒤로 보냅니다. 영어는 주어가 긴 것을 좋아하지 않기 때문이죠.

that절과 가주어 it

그가 어제 여기에 왔다는 것은   사실이다
That he came here yesterday is true.
너무 긴 주어 ←   ↓
It is true that he came here yesterday.
가주어   진주어

I can't believe that he did it.　☑ ○ ○

I didn't know that he is such a womanizer. *　○ ○ ○

Everybody says that I am reliable and sincere.　○ ○ ○

He told me that he was not interested in me.　○ ○ ○

* womanizer 바람둥이

난 그가 그런 짓을 했다는 걸 믿을 수 없어.
그 사람이 그 정도로 바람둥이라는 걸 난 몰랐어.
모두들 나를 믿을 수 있고 성실하다고 이야기한다.
나한테 관심이 없다고 그 남자가 말했어.

My point is that he did his best.　○ ○ ○

The truth is that he was involved in the scandal. *　○ ○ ○

The most important thing to me is that you two are unharmed.　○ ○ ○

My advice is that you need to see a doctor immediately.　○ ○ ○

* be involved in ~에 개입되다

내 요점은 그가 최선을 다했다는 거야.
그가 스캔들에 연루되었다는 것이 진실이다.
나한테 가장 중요한 것은 너희 둘이 다치지 않았다는 거야.
조언하자면, 넌 곧장 의사의 진찰을 꼭 받아야 해.

It is clear that she lied to me.　○ ○ ○

It is true that he did it on purpose.　○ ○ ○

It is natural that he object to the opinion. *　○ ○ ○

It is likely that he will be back soon. *　○ ○ ○

* natural 정상적인
likely ~할 것 같은

그녀가 나에게 거짓말한 게 분명해.
그가 고의로 그랬다는 것은 사실이다.
그가 그 의견에 반대하는 것은 당연한 거야.
그가 곧 돌아올 것 같아.

01 그가 고의로 그랬다는 것은 사실이다.

___ is ___ he did it on purpose.

02 그가 곧 돌아올 것 같아.

___ is ___ he will be back soon.

03 나한테 관심이 없다고 그 남자가 (나한테) 말했어.

He ___ ___ he was not interested in me.

04 모두들 나를 믿을 수 있고 성실하다고 이야기한다.

___ ___ ___ I am reliable and sincere.

05 내 요점은 그가 최선을 다했다는 거야.

___ ___ ___ he did his best.

06 난 그가 그런 짓을 했다는 걸 믿을 수 없어.

I can't believe ___ ___ it.

07 그녀가 나에게 거짓말한 게 분명해.

___ ___ ___ ___ she lied to me.

39 문장 연결 ④

관계대명사 who

그래머 브리핑

관계대명사는 그 이름처럼 두 문장을 연결할 때 [접속사+(대)명사] 역할을 합니다. 물론, 두 문장을 연결한다고 모두 관계대명사를 쓸 수 있는 것이 아닙니다. 양쪽 문장에 동일한 대상을 가리키는 명사가 있어야만 하죠. 이렇게 양쪽 문장에서 반복되면서 관계대명사 앞에 나오는 명사를 선행사라고 합니다. 뒤쪽 문장의 반복된 명사를 관계대명사가 대신하기 때문에 문장이 더 간결해지는 것이죠.

관계대명사의 조건, 선행사

I have a friend and he lives in Seoul.

선행사

→ I have a friend **who** lives in Seoul.

나는 서울에 사는 친구가 있다.
접속사 and와 he를 대신함

이 선행사가 사람이면 관계대명사 who를 씁니다. 기본적으로 관계대명사절은 앞 문장의 명사를 꾸며 주기 때문에, 형용사 역할을 한다고 보면 됩니다. 단, 관계대명사가 뒤의 문장에서 주어 역할을 하면 주격 관계대명사, 목적어 역할을 하면 목적격 관계대명사라고 합니다.

관계대명사 who

cooks well의 주어

I like a man **who** cooks well.

선행사

나는 요리 잘하는 남자가 좋다.

I'm a person who enjoys a challenge. ✔ ○ ○

I'm a person who enjoys working with others. ○ ○ ○

I'm a type of person who always tries to be positive. ○ ○ ○

I'm a kind of person who is active and cheerful. ○ ○ ○

전 도전을 즐기는 사람입니다.
전 남들과 함께 일하는 것을 좋아하는 사람입니다.
전 항상 긍정적이고자 노력하는 유형의 사람입니다.
난 활동적이고 쾌활한 스타일의 사람이야.

I know a woman who speaks Chinese fluently. ○ ○ ○

I like to work with people who are responsible. ○ ○ ○

I don't want to work with people who are selfish. ○ ○ ○

I found someone who shares the same interests with me. * ○ ○ ○

* interest 관심사

나 중국어를 잘하는 여자를 알아.
난 책임감 있는 사람들과 함께 일하는 걸 좋아해.
난 이기적인 사람들과 일하고 싶지 않아.
나와 동일한 관심사를 가진 사람을 찾았어.

➡ 원칙은 whom이지만 일상적으로 who도 함께 씁니다.

He is the one who(m) I respect most. ○ ○ ○

He is the man who(m) I met at the blind date. * ○ ○ ○

She is the girl who(m) I will love forever. ○ ○ ○

She is the girl who(m) I talked about. ○ ○ ○

* blind date 소개팅

그는 내가 가장 존경하는 사람이야.
그가 내가 소개팅에서 만난 그 남자야.
그녀는 내가 영원히 사랑할 사람이다.
그녀가 내가 얘기했던 그 여자야.

01 그녀는 내가 영원히 사랑할 사람이다.

_____ is the _____ _____ I will love forever.

02 전 도전을 즐기는 사람입니다.

I'm a person _____ enjoys a challenge.

03 난 책임감 있는 사람들과 함께 일하는 걸 좋아해.

I like to work with _____ __ are _____.

04 전 남들과 함께 일하는 것을 좋아하는 사람입니다.

I'm a _____ _____ enjoys working with others.

05 나 중국어를 잘하는 여자를 알아.

I know a _____ _____ speaks Chinese fluently.

06 그녀가 내가 얘기했던 그 여자야.

She is the ___ _____ I talked about.

07 그는 내가 가장 존경하는 사람이야.

He is the ____ _____ I respect most.

40 문장 연결 ⑤

관계대명사 which

그래머 브리핑

동물이나 사물이 선행사일 때는 관계대명사 which가 두 문장을 연결합니다. 앞서 나왔던 who와 마찬가지로 관계대명사가 뒤의 문장에서 주어 역할을 하면 주격, 목적어 역할을 하면 목적격 관계대명사라고 합니다. 참고로 which는 [휫치]라고 하기 쉬운데 [윗치]라고 발음해야 합니다.

관계대명사 which

I have a book and the book is very interesting.

↖ 선행사 ↓

→ I have a book which is very interesting.

↘ 접속사와 (대)명사 역할

난 아주 흥미로운 책을 한 권 가지고 있다.

위의 예문에는 which가 뒤 문장의 주어 역할을 하고 있으니 주격 관계대명사로 쓰였다는 걸 알 수 있습니다. 그럼 which가 목적어로 쓰인 경우도 살펴봅시다. 참고로 목적격 관계대 명사 which는 동사의 목적어가 될 뿐 아니라 전치사의 목적어로도 씁니다.

목적격 관계대명사 which

동사의 목적어인 **which**	This is the cafe **which** we visited last year. 여기가 우리가 작년에 방문했던 카페야. I like this shirt **which** I bought on the Internet. 난 인터넷에서 산 이 셔츠가 맘에 들어.
전치사의 목적어인 **which**	This is the house **which** she lives in. 여기가 그녀가 사는 집이에요.

This is my car which is over 20 years old. ✔ ○ ○

I know a coffee shop which has a good atmosphere. *	○ ○ ○
I want to get a job which is challenging and active.	○ ○ ○
Is this a bus which goes to the airport?	○ ○ ○
I saw a movie which is directed by Steven Spielberg.	○ ○ ○
This the safety gear which will save your life.	○ ○ ○

* atmosphere 공기, 분위기

이게 내 차야. 20년이 넘었지.
나 분위기 좋은 카페를 알아.
난 도전적이고 활동적인 일을 구하고 싶어.
이 차가 공항 가는 버스인가요?
난 스티븐 스필버그 감독이 연출한 영화를 봤어.
이게 여러분의 생명을 지켜 줄 안전장치입니다.

This is the video clip which I made myself. ○ ○ ○

I will tell you the story which I heard from my friend.	○ ○ ○
I still have the watch which she gave me 10 years ago.	○ ○ ○
Do you remember the restaurant which we went to last year?	○ ○ ○
This is the gift which I got from my girlfriend.	○ ○ ○
This is the book which I'm interested in.	○ ○ ○

이거 내가 직접 만든 동영상이야.
내 친구한테서 들은 이야기인데 너한테 말해 줄게.
난 그녀가 10년 전에 준 시계를 아직도 가지고 있어.
너 우리가 작년에 갔던 그 식당 기억해?
이건 내가 여자친구한테서 받은 선물이야.
이게 내가 관심 있는 책이야.

01 이 차가 공항 가는 버스인가요?

Is this a ___ _____ goes to the airport?

02 이게 내가 관심 있는 책이야.

This is the _____ _____ I'm _____ __ .

03 난 그녀가 10년 전에 준 시계를 아직도 가지고 있어.

I still have the _____ _____ she gave me 10 years ago.

04 이게 여러분의 생명을 지켜 줄 안전장치입니다.

This the _____ _____ _____ will save your life.

05 이거 내가 직접 만든 동영상이야.

This is the video clip _____ __ _____ _____ .

06 이게 내 차야. 20년이 넘었지.

This is my ___ _____ is over 20 years old.

07 이건 내가 여자친구한테서 받은 선물이야.

This is the ___ _____ I got from my girlfriend.

문장 연결 ⑥

관계대명사 that

그래머
브리핑

that은 사람과 사물 선행사 모두에 쓸 수 있는 관계대명사입니다. 즉, who나 which 모두를 대신할 수 있습니다. 또 선행사가 최상급이거나 something, everything과 같은 부정대명사 등이 올 때 관계대명사 that을 씁니다.

that과 함께 쓰는 선행사

something / anything / everything / nothing
the only / the very / the 최상급 / the last+명사   + that(관계대명사)

Tell me everything that you know.
네가 알고 있는 거 다 나한테 말해.

관계대명사가 문장에서 목적어로 쓰였을 때는 생략할 수 있습니다. that 역시 마찬가지죠. 위의 예문 Tell me everything that you know.에서 that은 you know의 목적어니까 목적격 관계대명사가 됩니다. 그렇기 때문에 아래처럼 that을 생략할 수 있습니다.

생략할 수 있는 목적격 관계대명사

Tell me everything (that) you know.
네가 알고 있는 거 다 나한테 말해.

He is the only one that I can trust. ✓ ○ ○

She is the only one that helped me those days. ○ ○ ○
This is all the money that I have. ○ ○ ○
This is the same bag that I lost on the street. ○ ○ ○

그는 제가 신뢰하는 유일한 사람입니다.
그녀는 당시 나를 도와주었던 유일한 사람이다.
내가 가진 돈은 이게 전부야.
이건 내가 길에서 잃어버렸던 것과 같은 가방이야.

This is something that I've been looking for. ○ ○ ○

He said something that you might be interested in. ○ ○ ○
Tell me everything that you heard from him. ○ ○ ○
Is there anything else that you want to know? ○ ○ ○

이게 바로 내가 찾던 거야.
그는 당신이 흥미를 가질만한 어떤 이야기를 했습니다.
그에게서 들었던 모든 것을 나에게 말해.
추가로 알고 싶은 게 있습니까?

He is the best musician that I have ever met. ○ ○ ○

It was the most touching movie that I have ever seen. ○ ○ ○
It was the most wonderful place that I have ever visited. ○ ○ ○
I think it is the worst test that I have ever taken. ○ ○ ○

그는 내가 지금까지 만나 본 중에 최고의 뮤지션이다.
그건 내가 지금까지 본 영화 중에서 가장 감동적인 영화였다.
거기는 내가 방문했던 장소 중에서 가장 좋았던 곳이었다.
그건 내가 치룬 시험 중 최악이었다.

01 이게 바로 내가 찾던 거야.

> **This is** _____ ___ **I've been** _____ __.

02 그건 내가 치룬 시험 중 최악이었다.

> **I think it is** ___ _____ **test** ___ **I have ever taken.**

03 그에게서 들었던 모든 것을 나에게 말해.

> **Tell me** _____ ____ ____ **from him.**

04 내가 가진 돈은 이게 전부야.

> **This is all the** _____ __ __ __.

05 그는 제가 신뢰하는 유일한 사람입니다.

> **He is** ___ ____ ___ _____ **I can trust.**

06 추가로 알고 싶은 게 있습니까?

> **Is there** _____ _____ ____ **you want to know?**

07 그는 내가 지금까지 만나 본 중에 최고의 뮤지션이다.

> **He is** ___ **musician** ____ **I** _ ___ ___ __.

문장 연결 ⑦

관계대명사 what

그래머
브리핑

관계대명사 what은 '~하는 것(the thing which)'으로 해석되는데 이는 what 자체에 선행사가 포함되어 있기 때문입니다. which나 that은 '~하는'이라는 뜻으로 선행사를 수식하는 형용사절의 역할을 하는 반면, what은 '~하는 것'이라는 뜻의 명사이기 때문에 앞 문장의 주어/목적어/보어 역할을 합니다.

선행사를 포함하고 있는 관계대명사 what

선행사
I know the thing and you want the thing.

→ I know the thing which you want.

→ I know **what** you want. 난 네가 원하는 것을 알아.

독특한 제목으로 유명한 영화 [나는 네가 지난 여름에 한 일을 알고 있다]의 영어 제목은 *I know what you did last summer*인데 여기에도 관계대명사 what이 들어가 있습니다. 이 문장에서 what은 목적어로 쓰였네요.

관계대명사 what

What he saw was shocking. → 주어
그가 본 것은 충격적이었다.

I know **what** you're trying to say. → 목적어
난 당신이 말하고자 하는 것을 압니다.

This is not **what** I expected. → 보어
이건 내가 기대했던 게 아니야.

What he said is true. ✔ ○ ○

What made me laugh was his reaction.	○ ○ ○
What he did was brave and heroic.	○ ○ ○
What made me upset was his excuse. *	○ ○ ○

* excuse 핑계

그가 말한 것은 사실이야.
나를 웃게 한 건 그의 반응이었다.
그가 한 일은 용감하고 영웅적이었다.
나를 화나게 한 것은 그의 변명이었다.

I know what you mean. ○ ○ ○

I can't believe what he said.	○ ○ ○
He gave me what I need.	○ ○ ○
Forget about what happened here.	○ ○ ○

난 네가 무슨 말을 하는지 알아.
난 그 사람 말을 믿을 수가 없어.
그가 나에게 필요한 것을 줬어.
여기에서 일어났던 일은 잊어라.

This is exactly what I need. ○ ○ ○

That's exactly what I'm talking about.	○ ○ ○
That's what I explained at the meeting.	○ ○ ○
This work environment is not what I expected.	○ ○ ○

이거 완전히 나한테 필요한 거네.
제 말이 그 말이라니까요.
제가 회의에서 설명했던 게 그거예요.
전 이런 업무 환경을 기대했던 게 아닙니다.

01 난 네가 무슨 말을 하는지 알아.

I know _____ you _____.

02 난 그 사람 말을 믿을 수가 없어.

I can't believe _____ __ _____.

03 그가 한 일은 용감하고 영웅적이었다.

_____ __ _____ was brave and heroic.

04 그가 말한 것은 사실이야.

_____ __ _____ is true.

05 이거 완전히 나한테 필요한 거네.

This is exactly _____ __ _____.

06 그가 나에게 필요한 것을 줬어.

He gave me _____ _____.

07 제가 회의에서 설명했던 게 그거예요.

That's _____ _____ at the meeting.

43 문장 연결 ⑧

관계부사 where/when/why

 그래머
브리핑

관계부사는 앞 문장의 선행사와 뒤의 문장의 선행사를 포함한 부사(구)가 겹칠 때 쓰는데, 문장에서 접속사와 부사 역할을 합니다. 부사는 문장에서 없어도 되는 요소이므로 관계부사의 뒷부분은 완전한 문장인 것이 특징입니다. 이때 선행사가 장소면 where, 시간이면 when, 이유면 why를 씁니다.

[접속사+부사(구)]를 대체하는 관계부사

This is <u>the city</u> and I was born <u>in the city</u>.

↘ 중복되는 부사구

→ This is the city **where** I was born.
여기가 내가 태어난 도시야.

참고로 the place(그 장소), the time(그 시간), the reason(그 이유)처럼 관계부사 where, when, why로 충분히 유추할 수 있는 일반적 의미의 선행사는 생략할 수 있습니다.

선행사의 생략

It is far away from (the place) **where** I live.
거기는 내가 사는 곳에서 멀리 떨어져 있다.

I don't know (the time) **when** it happened.
나는 언제 그 일이 일어났는지 모른다.

I don't know (the reason) **why** he failed the test.
나는 그가 왜 시험에 떨어졌는지 모르겠어.

This is the hotel where we stayed. ✔ ○ ○

This is the park where I used to date her. ○ ○ ○

This is the bar where I met my wife for the first time. ○ ○ ○

This is the city where I spent my childhood. * ○ ○ ○

*childhood 어린 시절

여기가 우리가 묵었던 호텔이야.
이곳이 내가 그녀와 종종 데이트하던 공원이야.
이 술집이 내가 아내를 처음으로 만난 곳이야.
이곳이 내가 어린 시절을 보냈던 도시야.

There will be a time when you'll miss me. ○ ○ ○

There will be a time when you'll feel sorry for it. * ○ ○ ○

I still remember the days when we studied together. ○ ○ ○

I still remember the day when I first entered the university. ○ ○ ○

*sorry 후회하는

네가 날 그리워할 날이 있을 거야.
네가 그 일에 대해 후회할 날이 있을 거야.
난 우리가 함께 공부했던 날들을 아직도 기억해.
난 아직도 대학교에 처음 입학했던 그 날을 기억한다.

I know why he left her. ○ ○ ○

Tell me the reason why you came here. ○ ○ ○

I don't know why he's so popular among youngsters. ○ ○ ○

That's why people say I'm flexible. ○ ○ ○

난 그가 왜 그녀를 떠났는지 알아.
네가 여기 온 이유를 말해 봐.
난 그가 왜 그리 젊은이들 사이에 인기가 있는지 모르겠어.
바로 그래서 사람들이 나를 융통성 있다고들 하지.

01 난 그가 왜 그녀를 떠났는지 알아.

I know _____ he left her.

02 이곳이 내가 그녀와 종종 데이트하던 공원이야.

This is the _____ _____ I used to date her.

03 네가 여기 온 이유를 말해 봐.

Tell me the _____ _____ you came here.

04 이곳이 내가 어린 시절을 보냈던 도시야.

This is the _____ _____ I spent my childhood.

05 네가 날 그리워할 날이 있을 거야.

There will be a _____ _____ you'll miss me.

06 여기가 우리가 머물렀던 호텔이야.

This is the _____ _____ __ _____ .

07 바로 그래서 사람들이 나를 융통성 있다고들 하지.

_____ _____ people say I'm flexible.

44 비교 표현 ①

비교급 만들기

그래머
브리핑

두 대상의 성질이나 상태를 비교할 때 사용하는 표현법이 바로 비교급입니다. 비교급 표현은 [형용사/부사의 비교급+than]의 형태로 씁니다. 보통 형용사 부사의 끝에 er을 붙여 만들고, 비교적 긴 단어에 해당하는 3음절어 이상의 형용사는 앞에 more을 붙여 비교급을 만듭니다.

비교급 만들기

형용사/부사~er+than	**He is younger than me.** 그는 나보다 어리다.
more 형용사/부사+than	**This chair is more comfortable than that.** 이 의자가 저것보다 더 편하다.
비교급+명사+than	**He has more money than me.** 그는 나보다 더 돈이 많다.

more을 붙여 비교급을 만드는 형용사/부사를 알아볼까요. 음절은 발음 기준으로 a, e, i, o, u의 수에 따라 결정됩니다. 모음 발음이 하나면 1음절이죠. 그래서 3음절 이상인 긴 단어나 able, ful, ive, less, ous 등으로 끝나는 2음절어 형용사는 앞에 more을 붙여 비교급을 만듭니다. 상대적으로 긴 단어는 more를 붙인다고 생각하면 됩니다.

more을 붙여 비교급 만들기

famous → **more** famous	convenient → **more** convenient
useful → **more** useful	exciting → **more** exciting
comfortable → **more** comfortable	interesting → **more** interesting

I'm taller than him. ✓ ○ ○

I'm three years older than my brother. ○ ○ ○

She is slimmer than you. * ○ ○ ○

Getting rich is easier than you think. ○ ○ ○

* slim 날씬한, 호리호리한

내가 그 사람보다 키가 커.
난 내 동생보다 나이가 3살 많아.
그녀가 너보다 더 날씬하다.
부자가 되는 것은 당신이 생각하는 것보다 쉽다.

You came home earlier than usual. * ○ ○ ○

I'll call you later. ○ ○ ○

I'll study harder to be a doctor. ○ ○ ○

Could you speak more slowly? ○ ○ ○

* usual 평상시의

너 오늘 평소보다 집에 일찍 왔구나.
내가 나중에 전화할게.
나는 의사가 되기 위해서 더 열심히 공부할 거야.
좀 더 천천히 말씀해 주시겠어요?

The movie was more intersting than I thought. ○ ○ ○

Online shopping is more convenient than offline shopping. ○ ○ ○

This watch is more expensive than mine. ○ ○ ○

The hotel was more crowded than usual. ○ ○ ○

그 영화는 내가 생각했던 것보다 더 재미있었다.
온라인 쇼핑이 오프라인 쇼핑보다 더 편리하다.
이 시계는 내 것보다 더 비싸다.
그 호텔은 평소보다 더 붐볐다.

01 내가 그 사람보다 키가 커.

I'm _____ _____ him.

02 너 오늘 평소보다 집에 일찍 왔구나.

You came home _____ _____ usual.

03 나는 의사가 되기 위해서 더 열심히 공부할 거야.

I'll _____ _____ be a _____.

04 그녀가 너보다 더 날씬하다.

_____ _____ _____ you.

05 이 시계는 내 것보다 더 비싸다.

This watch is _____ _____ _____ _____.

06 내가 나중에 전화할게.

I'll _____ _____ _____.

07 그 호텔은 평소보다 더 붐볐다.

The hotel was _____ _____ _____ usual.

45 비교 표현 ②
불규칙 비교급과 비교급 강조

**그래머
브리핑**

비교급은 형용사나 부사의 기본 형태(원급) 끝에 -er을 붙이는 것이 보통이지만 예외도
있습니다. 이런 예외적인 불규칙 비교급에서 주의할 것은 한 단어가 여러 품사로 활용되어
다양한 의미를 가질 수도 있다는 점입니다. 예를 들어 비교급 better의 원급은 good(형용
사)일 수도 있고, well(부사)일 수도 있습니다.

불규칙 비교급

good(좋은) ➔ **better**(더 좋은)	well(잘/건강한) ➔ **better**(더 잘/더 건강한)
many(많은) ➔ **more**(더 많은)	much(많은/많이) ➔ **more**(더 많은/더 많이)
bad(나쁜) ➔ **worse**(더 나쁜)	ill(아픈) ➔ **worse**(더 아픈)

'그가 너보다 훨씬 더 똑똑해'에서 '훨씬'이라는 비교급을 강조하는 말은 영어로 어떻게 표
현할까요? 바로 much, even, far, still, a lot 등을 비교급 앞에 쓰면 됩니다.

비교급 강조

He is **much older than** me.
그는 나보다 훨씬 나이가 많다.

Making mistakes is **a lot better than** doing nothing.
실수를 하는 게 아무것도 하지 않는 것보다 훨씬 낫다.

I speak English better than my friends. ✔ ○ ○

I'm sure the economy will get better soon. ○ ○ ○

I'm better than him in math. ○ ○ ○

It is better to be married than single. ○ ○ ○

난 내 친구들보다 영어를 더 잘해.
난 곧 경제가 좋아질 것이라 확신해.
수학은 걔보다 내가 더 잘해.
혼자인 것보다는 결혼하는 게 더 나아.

I love her more than you. ○ ○ ○

He has more money than you. ○ ○ ○

It will take more than an hour if you take a bus. ○ ○ ○

We had more rain this year than last year. ○ ○ ○

내가 너보다 더 그녀를 사랑해.
그가 너보다 더 돈이 많아.
만약 버스를 타면 한 시간 이상 걸릴 겁니다.
작년보다 올해 더 비가 많이 왔다.

This bag is a lot lighter than that one. ○ ○ ○

She looked a lot happier than before. ○ ○ ○

The weather is much warmer than yesterday. ○ ○ ○

This is a lot cheaper than those. ○ ○ ○

이 가방이 저것보다 훨씬 가볍다.
그녀는 전보다 훨씬 행복해 보였다.
날씨가 어제보다 훨씬 따뜻하다.
이게 저것들보다 훨씬 싸다.

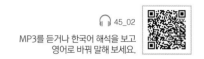
01 수학은 걔보다 내가 더 잘해.

I'm _____ ____ him in math.

02 난 내 친구들보다 영어를 더 잘해.

I speak English _____ ____ my friends.

03 혼자인 것보다는 결혼하는 게 더 나아.

It is _____ __ __ _____ than single.

04 이 가방이 저것보다 훨씬 가볍다.

This bag is ___ __ _____ than that one.

05 그녀는 전보다 훨씬 행복해 보였다.

She looked __ __ _____ ____ before.

06 내가 너보다 더 그녀를 사랑해.

I ____ her _____ than you.

07 이게 저것들보다 훨씬 싸다.

This is a lot _____ ____ _____.

153

46

비교 표현 ③

[as+ 원급+as]

그래머 브리핑

뭔가를 비교할 때 반드시 두 배, 세 배 정도로 차이가 나는 것만 있는 건 아닙니다. 비교하는 대상과 같은 것, 즉 한 배도 비교할 수 있지요. 이런 것을 원급 비교라고 하고, '~만큼 ~하다'라는 뜻으로 [as+형용사/부사+as]를 씁니다. as~as 사이에 형용사나 부사의 원급을 넣으면 됩니다.

as~as 원급 비교

as 형용사/부사 원급 as

형용사/부사 비교급 than

두 대상을 비교하면 몇 배나 차이가 나는지 구체적으로 말하고 싶다면 as ~ as 앞에 배수를 뜻하는 twice(두 배), three times(세 배), four times(네 배) 등을 쓰면 됩니다. times는 '~ 배'라는 뜻입니다.

몇 배인지 구체적으로 비교하기

He eats **twice as** much **as** I do.
그는 나보다 두 배는 많이 먹는다.

The US military base is **five times as** large **as** Yeouido.
그 미군기지는 여의도보다 5배 넓다.

She is as tall as you. ✔ ○ ○

She is as beautiful as an actress. ○ ○ ○

This cell phone is twice as expensive as mine. ○ ○ ○

You are not as smart as he. ○ ○ ○

그녀는 너만큼 키가 커.
그녀는 배우만큼 아름답다.
이 휴대폰은 내 것보다 2배나 비싸.
넌 그 사람만큼 똑똑하지 않아.

He can play soccer as well as you. ○ ○ ○

She is interested in a movie as much as you. ○ ○ ○

I don't have as much money as you. ○ ○ ○

She works as hard as you. ○ ○ ○

그는 너만큼 축구를 잘해.
그녀도 너만큼 영화에 관심이 있어.
나는 너만큼 돈이 없어.
그녀는 당신만큼 열심히 일합니다.

The stew was not as spicy as it looked. ○ ○ ○

The ride was not as scary as I thought. * ○ ○ ○

He was not as romantic as my ex-boyfriend. ○ ○ ○

The chocolate was not as sweet as we thought. ○ ○ ○

*ride 놀이기구

그 스튜는 보이는 것처럼 맵지 않았다.
그 놀이 기구는 내 생각만큼 무섭지 않았다.
그는 나의 예전 남자친구보다 로맨틱하지 않았다.
그 초콜릿은 우리의 생각만큼 달지 않았다.

01 그녀는 너만큼 키가 커.

She is ___ ____ you.

02 그 스튜는 보이는 것처럼 맵지 않았다.

The stew was not ___ _____ __ __ _____.

03 그녀는 배우만큼 아름답다.

She is ___ _____ an actress.

04 넌 그 사람만큼 똑똑하지 않아.

You are not ___ _____ __ he.

05 그는 너만큼 축구를 잘해.

He can play soccer ___ ____ __ you.

06 그녀는 당신만큼 열심히 일합니다.

She _____ __ ____ you.

07 그 놀이 기구는 내 생각만큼 무섭지 않았다.

The ride was not ___ _____ __ I thought.

47

비교 표현 ④

[get+비교급]

그래머 브리핑

앞서 '~하게 되다'라는 뜻의 [get+형용사]가 나왔었는데요. 이번에 나올 [get+비교급]은 '점점 ~해지다/하게 되다'는 의미의 표현입니다. 이 표현의 진행형은 [be getting+비교급] 이고, 이것은 '점점 더 ~해지고 있다'라는 뜻입니다. 참고로 비교급을 두 번 써서 [비교급 and 비교급]으로 말하면 변화를 더욱 강조할 수 있습니다.

get+비교급

get+비교급 더 ~해지다	He **got weaker** as he **got older**. 그는 나이가 들어가면서 점점 더 약해져갔다.
be getting+비교급 더 ~해지고 있다	He **is getting weaker and weaker**. 그는 점점 약해져만 가고 있다.

비교급에서 '~보다'라는 뜻으로 쓰이는 than은 스스로를 비교할 경우 생략됩니다. 예전의 나와 지금의 나를 비교한다고 생각하면 간단합니다. 스스로의 상태나 상황을 두 번이나 쓸 필요가 없기 때문이죠.

비교급 than의 생략

My cold **is getting better**.
내 감기가 점점 좋아지고 있어.

I feel much **better** today.
오늘 기분이 한결 더 나아졌어.

My English is getting better. ✓ ○ ○

It looks like you are getting younger. ○ ○ ○
The air pollution is getting worse every year. * ○ ○ ○
You are getting more sensitive these days. ○ ○ ○

* pollution 오염, 공해

내 영어가 점점 좋아지고 있어.
년 점점 어려지는 것 같아.
공기 오염이 매년 악화되고 있습니다.
너 요즘 더 민감해지고 있어.

It's getting hotter and hotter these days. ○ ○ ○

Spring has come and it is getting warmer and warmer. ○ ○ ○
It's getting colder and colder day by day. ○ ○ ○
The days are getting longer and longer these days. ○ ○ ○

요즘 날이 점점 더 더워지고 있다.
봄이 오니 날이 점점 더 따스해지고 있다.
나날이 날씨가 추워지고 있다.
요즘은 낮이 점점 길어지고 있다.

It takes less time if you take a taxi. ○ ○ ○

Do you have anything less expensive? ○ ○ ○
My cold got worse after I went outside. ○ ○ ○
The economy is going to get much worse next year. ○ ○ ○

네가 택시를 탄다면 시간이 덜 걸리겠지.
덜 비싼 물건이 있나요?
밖에 나간 후로 내 감기가 더 악화됐어.
경제는 내년에 훨씬 더 안 좋아질 것이다.

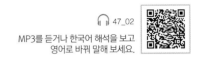
01 내 영어가 점점 좋아지고 있어.

My English is ＿＿＿＿ ＿＿＿.

02 덜 비싼 물건이 있나요?

Do you have ＿＿＿＿ ＿＿ ＿＿＿＿?

03 나날이 날씨가 추워지고 있다.

It's ＿＿＿＿ ＿＿＿ and ＿＿＿ day by day.

04 네가 택시를 탄다면 시간이 덜 걸리겠지.

＿ ＿＿＿ ＿＿ ＿＿ if you take a taxi.

05 넌 점점 어려지는 것 같아.

It looks like you are ＿＿＿ ＿＿＿＿.

06 요즘 날이 점점 더 더워지고 있다.

＿＿ ＿＿＿ ＿＿＿ and hotter these days.

07 요즘은 낮이 점점 길어지고 있다.

The days are ＿＿＿ ＿＿＿ ＿＿ ＿＿＿ these days.

비교 표현 ⑤

[The 비교급, the 비교급]

그래머
브리핑

'~하면 할수록 더 ~하다'는 비교급을 활용해서 [The 비교급+주어+동사, the 비교급+주어+동사]로 표현합니다. 길고 어려워 보이지만, 비교급 뒤에 [주어+동사]는 종종 생략되기도 하니 실제로는 [The 비교급, the 비교급]이라고 생각하면 됩니다.

The 비교급, the 비교급

The 비교급+(주어+동사), the 비교급+(주어+동사)
~하면 할수록 더 ~ 하다

The more, the better.
많으면 많을수록 좋다.

일상회화에서는 [주어+동사]를 생략한 [The 비교급, the 비교급]을 더 많이 씁니다. 우리도 말을 줄여서 짧게 하고 싶어 하는 것처럼 영어도 마찬가지입니다. 단, 줄이기 힘든 경우도 있습니다. 아래의 예시는 1번 문장에서 접속사 as를 삭제하고 각 비교급을 문장 앞으로 보낸 뒤 the를 붙인 것입니다. 이렇게 만들어진 2번 문장은 비교급을 강조하기 위한 비문법적인 문장이죠. 이 경우에는 [주어+동사]를 생략할 수 없습니다. [The 비교급+주어+동사] 문장의 해석이 어렵다면, [주어+동사+비교급] 형태로 바꿔 보면 쉽게 이해가 갈 수도 있습니다.

The 비교급, the 비교급 만들기

❶ As you like me **more**, I feel **happier**.

❷ **The more** you like me, **the happier** I feel.
네가 나를 더 좋아할수록, 나는 더 행복감을 느낀다.

> 접속사 as를 뺀 뒤 비교급에 the를 붙이고 문장 앞으로 보내면 완성!

The more, the better. ✓ ○ ○

The sooner, the better. ○ ○ ○

The richer, the better. ○ ○ ○

The taller, the better. ○ ○ ○

많으면 많을수록 더 좋다.
빠르면 빠를수록 더 좋다.
부자면 부자일수록 더 좋다.
키가 크면 클수록 더 좋다.

The more handsome, the better. ○ ○ ○

The more interesting, the better. ○ ○ ○

The more comfortable, the better. ○ ○ ○

The more beautiful, the better. ○ ○ ○

더 잘생기면 잘생길수록 더 좋다.
더 재미있으면 재미있을수록 더 좋다.
더 편하면 편할수록 더 좋다.
더 아름다우면 아름다울수록 더 좋다.

The more you have, the more you want. ○ ○ ○

The more I know her, the more I get to like her. ○ ○ ○

The sooner you finish the work, the sooner you go home. ○ ○ ○

The more you give, the more you will get back. ○ ○ ○

더 많이 가질수록 더 많이 원하게 된다.
그녀를 더 많이 알수록 더 좋아하게 돼.
당신이 빨리 일을 끝낼수록 더 빨리 집에 갈 수 있어요.
당신이 더 많이 줄수록 더 많이 받을 것이다.

01 더 많이 가질수록 더 많이 원하게 된다.

_____ _____ **you have,** _____ _____ **you want.**

02 내가 그녀를 더 많이 알수록 더 좋아하게 돼.

_____ _____ **I know her,** _____ _____ **I get to like her.**

03 많으면 많을수록 더 좋다.

The _____**, the** _____**.**

04 당신이 빨리 일을 끝낼수록 더 빨리 집에 갈 수 있어요.

_____ _____ **you finish the work,** _____ **you go home.**

05 빠르면 빠를수록 더 좋다.

The _____**, the** _____**.**

06 당신이 더 많이 줄수록 더 많이 받을 것이다.

_____ _____ _____ _____**,** _____ _____ **you will get back.**

07 더 아름다우면 아름다울수록 더 좋다.

_____ _____ _____**, the** _____**.**

비교 표현 ⑥

[the+최상급]

그래머
브리핑

비교할 대상이 셋 이상일 때는 '그 중에서 가장 ~한'이라는 뜻의 최상급을 씁니다. 최상급은 형용사/부사 원급 끝에 −est를 붙이거나 앞에 the most를 붙여서 만듭니다. 이때 어떤 장소나 범위 내에서 최상일 경우에는 [in+장소/범위]를 덧붙이고, 비교대상군에서 최상일 때에는 [of+비교대상군]을 씁니다.

최상급 만들기

일반 형용사	the 형용사+est	
긴 형용사	the most+형용사	+ in + 범위 of + 비교대상군
불규칙	the best, the worst, the most	

최상급을 반드시 −est를 붙여서 만드는 것은 아닙니다. 사실 '~ 중에서 최고로 ~하다'라는 뜻을 전달하기만 하면 최상급이 될 수 있습니다. 즉, 비교급으로도 최상급을 나타낼 수 있지요. 또 현재완료를 활용해서 have never p.p.라고 하면 '~해 본 적 없다'는 뜻이 되어 경험하지 못한 것을 강조하는 최상급의 의미를 나타낼 수 있습니다.

여러 가지 최상급

부정어+비교급	**Nothing** is **more important than** health. 건강보다 더 중요한 것은 없다.
비교급+**than any other** +단수명사	You will get paid more than **any other worker** in this field. 당신은 이 분야의 다른 누구보다 연봉을 많이 받게 될 거야.

I'm the oldest son in my family. ✓ ○ ○

He is the best engineer in this field. ○ ○ ○

He is the richest of my friends. ○ ○ ○

That is the tallest building in this city. ○ ○ ○

난 우리집 장남이야.
그는 이 분야에서 최고의 엔지니어입니다.
그는 내 친구들 중 가장 부자야.
저게 이 도시에서 가장 높은 건물이야.

Where is the nearest subway station? ○ ○ ○

This is the second largest city in this country. ○ ○ ○

He is one of the most popular singers in Korea. ○ ○ ○

Myungdong is one of the busiest streets in Seoul. ○ ○ ○

가장 가까운 지하철이 어디 있나요?
여기가 이 나라에서 두 번째로 큰 도시야.
그는 한국에서 가장 인기 있는 가수들 중 한 명이야.
명동은 서울에서 가장 번화한 거리 중에 하나야.

I've never been so happier than now. ○ ○ ○

I've never been busier than ever. ○ ○ ○

I've never been out this late before. ○ ○ ○

I've never been so humiliated in my life. * ○ ○ ○

* humiliated 굴욕감을 느끼는

난 지금보다 더 기쁜 적이 없었다.
난 이렇게 바빴던 적이 없었어.
난 이렇게 늦게까지 밖에 있었던 적이 없었어.
내 인생에서 그렇게 수치스러웠던 적이 없었어.

01 난 지금보다 더 기쁜 적이 없었다.

I've ____ ____ __ _____ than now.

02 난 우리집 장남이야.

I'm ___ _____ son in my family.

03 그는 내 친구들 중 가장 부자야.

He is ___ _____ of my friends.

04 그는 이 분야에서 최고의 엔지니어입니다.

He is ___ _____ engineer ____ this ____.

05 난 이렇게 늦게까지 밖에 있었던 적이 없었어.

I've _____ ____ out this ___ before.

06 가장 가까운 지하철이 어디 있나요?

Where is ___ _____ subway station?

07 난 이렇게 바빴던 적이 없었어.

___ ____ ____ _____ than ever.

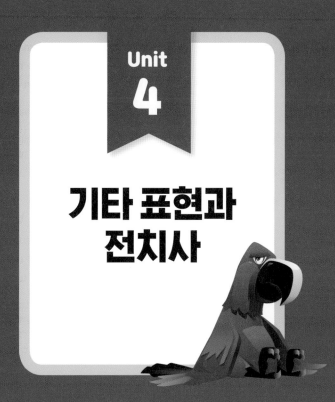

Unit
4

기타 표현과
전치사

50 만능동사 get

그래머 브리핑

get은 영어에서 가장 많이 쓰는 동사 중 하나입니다. 그만큼 의미가 다양하고, 여러 상황에서 활용할 수 있죠. [get+형용사]라고 하면 '어떤 상태가 되다'라는 상태의 변화를 나타낼 수 있습니다. 가령, He is old.는 '그는 늙었다'라는 말입니다. 이것을 He gets old.라고 하면 '그는 늙어간다'라는 뜻이 되죠. 단순히 '어떤 상태다'를 뜻하는 [be동사+형용사]와 변화를 느낄 수 있는 [get+형용사]가 어떻게 다른지 확인할 수 있습니다.

변화를 나타내는 [get+형용사]

살이 찌다
get fat

get을 [get+목적어+형용사] 형태로 쓰면 '목적어에게 ~하게 하다' 즉, '목적어를 ~한 상태로 만들다'라는 뜻이 됩니다. 즉, get 또한 사역동사 역할을 할 수 있는 것이죠. 형용사 자리에는 형용사의 일종인 과거분사가 올 수도 있습니다.

사역동사 get

get+목적어+형용사
You need to **get** your hands warm.

넌 네 손을 따뜻하게 해야 해.

I get nervous when I try to talk to her.   ✔ ○ ○

I don't like winter because I get cold easily.   ○ ○ ○

He gets out of control when he gets drunk. *   ○ ○ ○

Suddenly I got lucky.   ○ ○ ○

* out of control 통제가 안 되는

그녀에게 말을 걸 때 난 긴장하게 돼.
난 쉽게 추위를 타서 겨울을 좋아하지 않아.
그 사람은 술에 취하면 통제가 안 된다.
갑자기 내 운이 트였다.

Don't get me wrong.   ○ ○ ○

We got him terribly mad.   ○ ○ ○

I'm going to get it right.   ○ ○ ○

I got up early to get the kids ready for school.   ○ ○ ○

내 말(행동) 오해하지 마.
우리가 그를 굉장히 화나게 만들었어.
내가 그걸 바로 잡을 거야.
전 애들 학교 갈 준비시키려고 일찍 일어났어요.

You must to get your work done by today.   ○ ○ ○

He got his car repaired after the accident.   ○ ○ ○

I need to get my eyes checked.   ○ ○ ○

I'm hungry. Let's get pizza delivered.   ○ ○ ○

넌 오늘까지 일을 끝내야 돼.
그는 사고 후에 차를 수리하도록 맡겼다.
전 눈 검사를 받아야 해요.
나 배고파. 피자 배달시키자.

01 내가 그걸 바로 잡을 거야.

I'm going to ___ it ___.

02 그녀에게 말을 걸 때 난 긴장하게 돼.

I ___ _____ when I try to ___ ___ ___.

03 내 말(행동) 오해하지 마.

Don't ___ ___ ___.

04 갑자기 내 운이 트였다.

Suddenly I ___ ___.

05 전 눈 검사를 받아야 해요.

I need to ___ ___ ___ ___.

06 우리가 그를 굉장히 화나게 만들었어.

We ___ ___ terribly ___.

07 나 배고파. 피자 배달시키자.

I'm hungry. Let's ___ ___ ___.

보고 듣고 느끼는 감각동사

look/feel/taste/smell/sound

그래머 브리핑

보고, 느끼고, 맛보고, 냄새 맡고, 듣는 5가지 감각을 나타내는 look, feel, taste, smell, sound 등을 감각동사라고 합니다. 감각동사는 대상의 '상태'를 표현하기 때문에 뒤에 형용사가 오는 것이 특징입니다.

대표 감각동사

look	~하게 보이다
feel	~하게 느끼다
taste	~한 맛이 나다
smell	~한 냄새가 나다
sound	~하게 들리다

감각동사는 주로 [감각동사+형용사] 형태로 쓰지만, 뒤에 [like+명사]나 [like+주어+동사]를 붙여서 말하기도 합니다. 해석은 동일하게 '~하게 보고/느끼고/맛보고/냄새 맡고/듣는다'라고 하면 됩니다.

감각동사 활용

감각동사+형용사	**You look wonderful today.** 너 오늘 정말 멋져 보여.
감각동사 **like**+명사	**You look like a movie star.** 너 영화배우 같아.
감각동사 **like**+주어+동사	**You look like you didn't sleep well last night.** 너 어제 잠을 잘 못 잔 것 같이 보여.

You look wonderful today!　✔ ○ ○

You look familiar. Have we met before?　○ ○ ○

This smells so good.　○ ○ ○

It tastes a little sour. *　○ ○ ○

* sour 시큼한

너 오늘 정말 멋져 보인다!
당신 뭔가 낯이 익네요. 우리 전에 본 적 있나요?
이건 냄새가 너무 좋아.
그거 약간 신맛이 나.

He looks exactly like his father.　○ ○ ○

You sound like my mother.　○ ○ ○

You smell like a flower. What perfume do you use?　○ ○ ○

I don't feel like eating anything.　○ ○ ○

그는 정말 아버지 판박이야.
너 우리 엄마처럼 말한다.
당신에게서 꽃향기가 나네요. 무슨 향수를 쓰나요?
나 뭐 먹을 기분이 아니야.

I feel like I'm walking on thin ice. *　○ ○ ○

It looks like we're out of gas.　○ ○ ○

You sound like you're from London.　○ ○ ○

It sounds like you have a lovely family.　○ ○ ○

* thin 얇은

난 살얼음 위를 걷는 기분이야.
휘발유가 다 떨어진 것 같은데.
들어 보니 당신은 런던 출신인가 보네요.
당신은 사랑스런 가족을 가진 것처럼 들리네요.

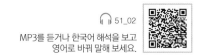

01 그는 정말 아버지 판박이야.

He _____ exactly ____ his father.

02 너 오늘 정말 멋져 보인다!

You ____ very _____ today!

03 나 뭐 먹을 기분이 아니야.

I _____ ___ _____ anything.

04 그거 약간 신맛이 나.

It _____ a little ____.

05 휘발유가 다 떨어진 것 같은데.

It _____ ___ we're out of gas.

06 이건 냄새가 너무 좋아.

This _____ so ____.

07 난 살얼음 위를 걷는 기분이야.

I ____ ___ I'm walking on thin ice.

'교통수단을 이용하다'라는 뜻의 동사

drive/walk/take

그래머
브리핑

'교통수단을 이용하다'는 뜻으로 자주 쓰는 동사 drive, walk, take에 대해 알아봅시다. drive와 walk는 공통점이 많습니다. drive는 단어 자체에 '차를 운전하다'라는 의미가 있고, walk 역시 단어 안에 '다리로 걷다'라는 의미를 담고 있습니다. 또 두 동사 모두 자/타동사일 때 뜻이 다릅니다.

drive/walk의 자/타동사 의미 차이

	자동사	타동사
drive	~에 차를 몰고 가다/오다	(차 등)을 몰다, 차로 ~를 데려다주다
walk	~에 걸어가다/오다	~를 걷게 하다, 걸어서 ~를 데려다주다

take는 수많은 뜻을 가진 만능동사 중 하나입니다. take 뒤에 교통수단이 목적어로 오면 '교통수단을 이용하다/타고 가다'라는 뜻의 타동사가 됩니다. 교통수단뿐 아니라 에스컬레이터, 엘리베이터 등 탈 수 있는 것은 대부분 take로 표현합니다.

[take+교통수단] = 교통수단을 이용하다

take a subway 지하철을 타다
take a plane 비행기를 타다
take an elevator 엘리베이터를 타다
take an escalator 에스컬레이터를 타다

I drove here. ✓ ○ ○

I drove him to the airport.	○ ○ ○
Let's go driving and get some fresh air.	○ ○ ○
My office is a twenty-minute drive from home. *	○ ○ ○

* a twenty-minute drive 차로 20분 거리

난 여기 차를 운전해서 왔어.
내가 그 사람을 공항까지 차로 데려다줬어.
드라이브하러 가자. 바람도 쐬고.
내 사무실은 집에서 차로 20분 거리다.

I will walk you to the bus stop. ○ ○ ○

I often walk my dog in the park.	○ ○ ○
The market is near here. I often walk there.	○ ○ ○
It is a ten-minute walk from the subway station. *	○ ○ ○

* a ten-minute walk 걸어서 10분 거리

내가 버스정류장까지 걸어서 바래다줄게.
나는 종종 공원에서 우리 개를 산책시킨다.
그 시장이 이 근처에 있어서 난 종종 거기에 걸어서 가.
그곳은 지하철역에서 걸어서 10분 거리에 있다.

He took her home by car. ○ ○ ○

We took a taxi to the subway station.	○ ○ ○
I took an elevator to the 12th floor.	○ ○ ○
My father used to take me to school by car.	○ ○ ○

그는 그녀를 차로 집까지 데려다주었다.
우리는 지하철역까지 택시를 탔다.
나는 12층까지 엘리베이터를 탔다.
아버지는 나를 학교까지 차로 데려다주시곤 했다.

01 그는 그녀를 차로 집까지 데려다주었다.

He ＿＿＿ ＿＿ ＿＿＿ by car.

02 난 여기 차를 운전해서 왔어.

I ＿＿＿ ＿＿＿.

03 나는 종종 공원에서 우리 개를 산책시킨다.

I often ＿＿＿ ＿＿ ＿＿＿ in the park.

04 내가 그 사람을 공항까지 차로 데려다줬어.

I ＿＿＿ ＿＿＿ the airport.

05 나는 12층까지 엘리베이터를 탔다.

I ＿＿ an ＿＿＿ to the 12th floor.

06 내가 (너) 버스정류장까지 걸어서 바래다줄게.

I will ＿＿＿ ＿＿ ＿ the ＿＿ ＿＿.

07 우리는 지하철역까지 택시를 탔다.

We ＿＿ ＿ ＿＿ to the subway station.

176

'가다'라는 뜻의 동사
travel/go/visit

그래머
브리핑

비슷한 뜻을 가진 동사 travel, go, visit으로 자동사와 타동사의 문형을 비교해 보겠습니다.
목적어가 필요 없는 자동사 travel과 go 뒤에 명사를 붙이기 위해서는 전치사가 필요합니
다. 반면 visit은 타동사라서 뒤에 바로 목적어가 올 수 있습니다.

자동사와 타동사 문형 차이

자동사+전치사+명사	**He traveled to Vietnam.** 그는 베트남으로 여행을 갔다. **He went on a business trip to Vietnam.** 그는 베트남으로 출장을 갔다.
타동사+목적어	**He visited Vietnam.** 그는 베트남을 방문했다.

travel, go, visit은 각각 '여행하다', '가다', '방문하다'라는 뜻으로 모두 '이동'의 의미를 가지
고 있습니다. 세세히 보자면, travel은 보통 먼 곳으로의 여행을 언급할 때 가장 많이 쓰는
동사로 관광은 물론 '(길게) 이동하다'는 의미로도 씁니다. visit은 보통 '(사람이나 장소에
어떤 목적을 가지고) 방문하다'라는 뜻으로 사용합니다.

travel/go/visit의 의미 차이

자동사	**travel around the world** 전 세계를 여행하다 **go on a business trip** 출장을 가다
타동사	**visit Korea** 한국을 방문하다

He traveled to China with a group last year. ✓ ○ ○

She took five days off to travel to Japan. ○ ○ ○

I would like to travel around the world after I retire. ○ ○ ○

I like traveling because I enjoy adventure. ○ ○ ○

그는 지난해 단체로 중국 여행을 했다.
그녀는 일본 여행을 가기 위해 5일 휴가를 냈다.
나는 퇴직 후 전 세계를 여행하고 싶다.
나는 모험을 즐기는 편이라 여행을 좋아한다.

He went on a business trip to Vietnam. ○ ○ ○

I will go to Busan during this summer vacation. ○ ○ ○

She often goes for a walk after a meal. * ○ ○ ○

I go for a hike in the mountains for my health. * ○ ○ ○

* go for a walk 산책을 하다
go for[on] a hike 하이킹(등산)을 가다

그는 베트남으로 출장을 갔다.
나는 이번 여름 방학에 부산에 갈 거야.
그녀는 종종 식사 후에 산책을 한다.
나는 건강을 위해서 등산을 해.

I have visited the place three times. ○ ○ ○

I'll visit you first thing tomorrow morning. ○ ○ ○

While I stay there, I'll visit the local market and try various foods. ○ ○ ○

Millions of people visit this place in summer. ○ ○ ○

나 거기 3번 가 봤어.
내일 아침 제일 먼저 당신을 방문하겠습니다.
난 거기에 있는 동안 지역 시장에 가서 다양한 음식을 먹어볼 거야.
수백만 명의 사람들이 여름에 이곳을 방문한다.

01 나는 모험을 즐기는 편이라 여행을 좋아한다.

> **I like _____ because I enjoy adventure.**

02 수백만 명의 사람들이 여름에 이곳을 방문한다.

> **Millions of people _____ this place in summer.**

03 그녀는 일본 여행을 가기 위해 5일 휴가를 냈다.

> **She _____ five days ___ __ _____ to Japan.**

04 나 거기 3번 가 봤어.

> **I _____ _____ the place three times.**

05 그는 베트남으로 출장을 갔다.

> **He _____ __ a business trip to Vietnam.**

06 그녀는 종종 식사 후에 산책을 한다.

> **She often _____ ___ a walk after a meal.**

07 내일 아침 제일 먼저 당신을 방문하겠습니다.

> **I'll _____ you _____ tomorrow morning.**

'어울리다'라는 뜻의 동사
suit/fit/match

그래머
브리핑

'어울리다, 잘 맞다'는 영어로 동사 fit과 suit를 주로 씁니다. fit은 사이즈나 모양 등의 '치수 가 맞다'라는 뜻으로 '핏(fit)이 좋다'거나 탈의실을 피팅룸(fitting room)이라고 말하는 것 처럼 우리에게 익숙한 표현이죠. 반면 suit는 스타일이나 색깔은 물론 취향까지 좀 더 넓은 의미로 쓸 수 있습니다.

fit/suit 어울리다

This jacket doesn't fit me.
이 재킷은 나한테 맞지 않는다. (사이즈나 모양)

I think the bright colors suit you best.
내 생각에 너한테는 밝은 색이 가장 잘 어울려. (스타일, 색, 취향)

한편, match는 '(2개의 대상이 서로) 어울리다'라는 의미의 단어입니다. 그래서 명사로 '잘 어울리는 사람이나 물건'이라는 뜻도 있죠. 또 '적수', '경기'라는 뜻도 있습니다.

match 어울리다

Your room and curtain do not match at all.
네 방과 커튼은 전혀 어울리지 않아.

You two are a match made in heaven.
너희 둘은 천생연분이다.

The shirt fits you well.   ✓ ◯ ◯

These shoes don't fit me. They hurt me when I walk.   ◯ ◯ ◯

How does it fit? Isn't it too tight?   ◯ ◯ ◯

This key doesn't fit the door lock.   ◯ ◯ ◯

그 셔츠 너한테 잘 맞네.
이 신발 나한테 안 맞아. 걸을 때 아파.
잘 맞나요? 너무 꽉 끼지는 않나요?
이 열쇠는 자물쇠에 맞지 않는다.

Do you think this coat suits me?   ◯ ◯ ◯

Black doesn't suit you.   ◯ ◯ ◯

This food doesn't suit my taste.   ◯ ◯ ◯

What day suits you best? Thursday or Friday?   ◯ ◯ ◯

이 코트 나한테 어울리는 것 같아?
넌 검은색이 안 어울려.
이 음식은 제 입맛에 맞지 않네요.
어느 날이 제일 괜찮으세요? 목요일 아니면 금요일?

These shoes match your pants.   ◯ ◯ ◯

They are quite different but they match well.   ◯ ◯ ◯

Beer is a great match with chicken.   ◯ ◯ ◯

You are not my match.   ◯ ◯ ◯

이 신발이 네 바지와 잘 어울리네.
그들은 서로 꽤나 다르지만 참 잘 어울려.
맥주는 치킨과 잘 어울린다.
넌 내 적수가 아니야.

01 넌 내 적수가 아니야.

_____ are ___ ___ _____.

02 이 음식은 제 입맛에 맞지 않네요.

This _____ doesn't ____ my _____.

03 그 셔츠 너한테 잘 맞네.

The shirt ___ ___ ___.

04 잘 맞나요? 너무 꽉 끼지는 않나요?

How _____ _ __? Isn't it too tight?

05 이 열쇠는 자물쇠에 맞지 않는다.

This key _____ __ the door lock.

06 넌 검은색이 안 어울려.

_____ _____ ___ ____.

07 이 신발이 네 바지와 잘 어울리네.

These _____ _____ your _____.

182

'돈을 쓰다'라는 뜻의 동사

pay/spend/cost

그래머
브리핑

'돈을 쓰다, 지불하다'는 뜻으로 자주 쓰는 동사 pay, spend, cost에 대해 알아봅시다. 먼저 pay는 [pay+(가격)+for 상품]의 형태로 씁니다. 특히 목적어인 '가격'이 생략될 경우 자동 사처럼 '상품에 대한 비용을 지불하다'는 의미가 됩니다. 참고로 pay는 명사로 '급료, 보수' 라는 뜻입니다.

pay 지불하다

He paid 30 dollars for dinner.
그는 저녁 값으로 30달러를 지불했다.

How much did you pay for the car?
자동차 대금으로 얼마를 지불했습니까?

spend는 '시간이나 돈을 쓰다'는 의미로 활용되고, 상품 앞에 전치사 on이 붙습니다. pay 와 spend는 공통점이 두 가지 있습니다. 바로 돈을 쓰는 주체가 '사람'이라는 것과 수여동 사로 목적어가 2개 올 수 있다는 것이죠. 반면 cost는 '~ 비용이 들다'는 뜻으로 돈을 쓰는 주체가 '사물'이라는 점에서 pay, spend와 다릅니다.

spend/cost 지불하다

He spent a hundred dollars on the suit.
그는 그 정장 값으로 100달러를 지불했다.

This book cost me 15 dollars.
이 책은 15달러의 비용이 들었다.

I paid 300 bucks for that piece of junk. * ✔ ○ ○

Will you pay in cash or by credit card? ○ ○ ○

When we have lunch together, my friend always pays. ○ ○ ○

You will pay for it someday! ○ ○ ○

* buck 미국을 비롯한 몇 개국의 달러
junk 폐물, 쓰레기

그 고물을 사는데 300달러가 들었다.
현금으로 지불하시겠어요, 아니면 신용카드로 하시겠어요?
점심을 같이 먹을 때마다 내 친구가 항상 돈을 낸다.
넌 언젠가 그 대가를 치르게 될 거야!

You always spend money like water. ○ ○ ○

He spent lots of time and money on leisure activities. ○ ○ ○

I spent some money buying a gift for my mother. ○ ○ ○

How much did you spend on this? ○ ○ ○

너는 항상 돈을 물 쓰듯이 쓰는 구나.
그는 여가 생활에 엄청난 시간과 돈을 썼다.
엄마 선물을 사느라 돈을 좀 썼어.
너 이거에 돈을 얼마나 썼니?

The dress costs a lot. But it's worth it. ○ ○ ○

It cost more than 1,000 dollars to travel there. ○ ○ ○

It cost much more than I expected. ○ ○ ○

It costs too much to use a delivery service. ○ ○ ○

그 드레스는 상당히 비싸. 하지만 값어치가 있어.
거기를 여행하는 데 1,000달러가 넘게 들었다.
그건 내 예상보다 훨씬 비용이 많이 들었다.
배달 서비스료가 너무 비싸다.

01 그 드레스는 상당히 비싸. 하지만 값어치가 있어.

> **The dress** _____ _ __ **. But it's worth it.**

02 그 고물을 사는데 300달러가 들었다.

> **I** _____ **300 bucks** _____ **that piece of junk.**

03 그건 내 예상보다 훨씬 비용이 많이 들었다.

> **It** _____ **much** _____ **than** _____ **.**

04 너는 항상 돈을 물 쓰듯이 쓰는 구나.

> **You always** _____ _____ __ **.**

05 넌 언젠가 그 대가를 치르게 될 거야!

> **You** __ ___ __ **someday!**

06 너 이거에 돈을 얼마나 썼니?

> _____ _____ **did you** _____ __ **this?**

07 현금으로 지불하시겠어요, 아니면 신용카드로 하시겠어요?

> **Will you** ____ _ ____ **or by credit card?**

'말하다'라는 뜻의 동사
say/tell/talk

'말하다'를 영어로 바꾸려면 say, tell, talk을 떠올리게 됩니다. 세 단어 모두 쓰임이 다르니 알아 봅시다. say와 tell은 타동사로 뒤에 목적어나 that절이 올 수 있습니다. 이는 '누가 ~ 라고 하더라'는 식으로 정보를 전달할 수 있다는 점에서 아주 유용하죠. 반면, talk는 '얘기 하다'는 뜻의 대표적 자동사로 뒤에 to(~에게), with(~와), about(~에 대해) 등의 전치사가 옵니다.

say/tell/talk 활용 형태

말하다, 이야기하다	**say**+(to 사람)+that+주어+동사
	tell+(사람)+that+주어+동사
	talk+to/with/about+명사

뒤에 that절이 오는 say와 tell는 '누군가에게 말하다'라고 할 때 활용 형태가 달라집니다. [tell+사람+that절]처럼 tell은 뒤에 바로 사람을 붙여서 말할 수 있고, say는 [say to+사람 +that절]로 사람이 목적어로 바로 올 수 없기 때문에 to라는 전치사가 필요합니다. 이때 '사 람'과 'to+사람'은 대화의 문맥에 따라 생략할 수 있습니다.

say와 tell 활용 비교

say+(to 사람)	The boss **said** (to me) that you were sick. 사장님께서 네가 아팠다고 (나한테) 말씀하시더라.
tell+(사람)	He **told** (me) that he will take a day off today. 그가 오늘 자기는 쉴 거라고 (나한테) 말했어.

I often **say** hello to others first. ✓ ○ ○

The news **says** it will be very cold tomorrow. ○ ○ ○
What did the boss **say** about the project? ○ ○ ○
Everybody **says** that Jackson is cool. ○ ○ ○

나는 종종 남들에게 먼저 인사하는 편이야.
뉴스에서 내일 아주 추울 거라고 하더라.
팀장님이 그 프로젝트에 대해 뭐라고 말했나요?
모두들 잭슨이 멋지다고 얘기합니다.

Tell me about it more specifically. * ○ ○ ○

Don't **tell** a lie to me. * ○ ○ ○
I **told** him straight that I didn't like him. ○ ○ ○
Could you **tell** me the way to the train station? ○ ○ ○

그거 더 자세하게 말해 봐.
나한테 거짓말하지 마.
난 그가 마음에 들지 않는다고 그에게 솔직히 말했어.
기차역으로 가는 길 좀 알려 주시겠습니까?

* specifically 분명히, 구체적으로
tell a lie 거짓말하다

Can I **talk** with you for a minute? ○ ○ ○

I **talk** in my sleep sometimes. ○ ○ ○
He never **talks** about his job. ○ ○ ○
He often **talks** about others behind their backs. ○ ○ ○

잠시 너랑 얘기 좀 할 수 있을까?
나는 가끔 잠꼬대를 해.
그는 일에 대한 얘기는 절대 안 해.
그는 종종 남의 험담을 한다.

01 나한테 거짓말하지 마.

Don't ___ a __ to me.

02 나는 종종 남들에게 먼저 인사하는 편이야.

I often ___ ____ ___ others first.

03 그거 더 자세하게 말해 봐.

____ me about it more specifically.

04 그는 일에 대한 얘기는 절대 안 해.

He never ____ ____ his job.

05 잠시 너랑 얘기 좀 할 수 있을까?

Can I ___ ___ for a minute?

06 팀장님이 그 프로젝트에 대해 뭐라고 말했나요?

_____ did the boss ____ about the project?

07 나는 가끔 잠꼬대를 해.

I ___ __ my sleep sometimes.

시간을 나타내는 전치사
at/on/in

그래머
브리핑

전치사는 말 그대로 명사 '앞에 놓이는' 품사를 말합니다. 시간, 요일, 달이나 계절을 나타
내는 명사 앞에는 전치사 at, on, in 등을 쓰는데 at은 시각, on은 요일, in은 년, 월, 계절을
나타냅니다. 따라서 시간의 길이로 나열하자면 at 〈 on 〈 in의 순입니다. at night(밤에), on
Christmas day(크리스마스날에), in August(8월에), in the morning(오전에)처럼 쓰지요.

시간전시차 at/on/in

at+시각   on+요일   in+년, 월, 계절

at 3 o'clock **on** the first Wednesday **in** October
10월 첫 번째 수요일 3시에

정확하게 '몇 시, 무슨 요일'을 말해야 할 때도 있지만, '이번 주나 다음 주, 내년, 매일'과 같
이 표현해야 하는 경우도 많습니다. 그럴 때 쓰는 this, next, last, every, all 등은 전치사 없
이 명사 앞에 바로 붙여서 말합니다. 예를 들어 I go to church every Sunday.(난 매주 일
요일마다 교회에 가.)처럼 말이죠.

시간전치사 없이 말하는 경우

→ 명사에 곧장 붙이는 this, next, last, every, all
See you **next** Monday.
다음 주 월요일에 봐.

I take a nap at noon in summer.   ✓ ○ ○

Pick her up at the airport at four o'clock.   ○ ○ ○

He became a millionaire at the age of 27.   ○ ○ ○

I was nervous and excited at the same time.   ○ ○ ○

나는 여름에는 정오에 낮잠을 잔다.
4시에 공항으로 그녀를 데리러 가면 돼.
그는 27살의 나이에 백만장자가 됐다.
난 떨리기도 하고 동시에 흥분되기도 했다.

He was born on May 12th, 2002.   ○ ○ ○

I usually meet my friends on Friday night.   ○ ○ ○

We arrived in Paris on August 7th.   ○ ○ ○

She's punctual and always on time. *   ○ ○ ○

* punctual 시간을 지키는
on time 제때에

그는 2002년 5월 12일에 태어났다.
난 보통 금요일 밤에 친구들을 만난다.
우리는 8월 7일에 파리에 도착했다.
그녀는 항상 시간을 지킨다.

He joined the company in 2016.   ○ ○ ○

I usually take a vacation in early July. *   ○ ○ ○

It is April now but it is a little chilly in the morning.   ○ ○ ○

In Korea, it is very hot in summer and very cold in winter.   ○ ○ ○

* take a vacation 휴가를 가다

그는 2016년에 입사했다.
난 보통 7월 초에 휴가를 가.
지금 4월인데도 아침에는 약간 싸늘하다.
한국은 여름은 매우 덥고 겨울은 아주 춥다.

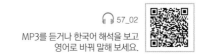
01 우리는 8월 7일에 파리에 도착했다.

We arrived in Paris ___ August 7th.

02 그는 27살의 나이에 백만장자가 되었다.

He became a millionaire ___ the age of 27.

03 난 보통 7월 초에 휴가를 가.

I usually ___ __ ___ __ early July.

04 나는 여름에는 정오에 낮잠을 잔다.

I take a nap __ ___ __ .

05 그는 2002년 5월 12일에 태어났다.

He was born __ ___ 12th, 2002.

06 그는 2016년에 입사했다.

He _____ the company __ ___ .

07 그녀는 항상 시간을 지킨다.

She's _____ and always __ ___ .

58 위치를 나타내는 전치사 at/on/in

그래머 브리핑

전치사 at, on, in은 장소나 위치를 나타내는 명사 앞에서도 씁니다. 상대적으로 좁은 지점은 at, 닿아서 접해 있는 장소는 on, 건물 안이나 도시, 나라 등 비교적 넓은 장소는 in을 씁니다. 참고로 어떤 장소에 있다는 표현만으로도 무엇을 하는지 전달할 수도 있습니다. 가령, He is at work.이라고 하면 '그는 일을 하고 있다'라는 뜻입니다.

위치 전치사 at/on/in

지점에 있는 at	위에 있는 on	안에 있는 in
●	on	in
at the station 역에서	**on** the street 거리에서	**in** the kitchen 부엌에서

in은 물리적인 위치나 장소뿐 아니라 추상적인 상황/개념에 속해 있다는 뜻도 있습니다. 그럴 때는 '~ 속에', '~ 상황 하에', '~한 상태에', '~의 소속인'이라고 해석됩니다. 어떤 상황 속으로(in) 빠져 들어가 있는 상태를 생각하면 이해하기 쉽습니다.

상황 속에 있는 in

in trouble	곤란에 빠진
in hospital	입원 중인
in the computer industry	컴퓨터 업계에서
in my childhood	어린 시절에

He is at work. ✓ ○ ○

There's somebody at the door. ○ ○ ○

Put your phone on vibration mode at the theater. * ○ ○ ○

Turn left at the intersection. * ○ ○ ○

*vibration 진동
intersection 교차로

그는 업무 중입니다.
현관에 누군가 왔어.
극장에서는 휴대폰을 진동모드로 하세요.
교차로에서 우회전하세요.

I left my cell phone on the bus yesterday. ○ ○ ○

I live in an apartment on the 15th floor. ○ ○ ○

I bumped into my old friend when I walked on the street. * ○ ○ ○

They ate lunch on the grass. ○ ○ ○

* bump into ~와 우연히 마주치다

나 어제 휴대폰을 버스에 두고 내렸어.
난 아파트 15층에 산다.
길을 걷다 우연히 옛날 친구를 만났어.
그들은 잔디 위에서 점심을 먹었다.

We stayed in New York for a couple of days. ○ ○ ○

He is in the hospital but he is not seriously ill. ○ ○ ○

I had a good time with my boyfriend in the amusement park. * ○ ○ ○

There were many people in the park on Sunday. ○ ○ ○

* amusement park 놀이공원

우리는 뉴욕에서 며칠을 머물렀다.
그는 병원에 있지만 심하게 아픈 건 아니야.
난 놀이공원에서 남자 친구와 즐거운 시간을 보냈어.
일요일 공원에는 많은 사람들이 있었다.

01 난 아파트 15층에 산다.

I ___ ___ an apartment ___ the 15th floor.

02 현관에 누군가 왔어.

There's _____ ___ the _____ .

03 그는 병원에 있지만 심하게 아픈 건 아니야.

__ __ __ the _____ but he is not seriously ill.

04 그들은 잔디 위에서 점심을 먹었다.

They ate lunch __ __ ____ .

05 우리는 뉴욕에서 며칠을 머물렀다.

We _____ __ New York ___ a couple of days.

06 교차로에서 우회전하세요.

____ _____ ___ the intersection.

07 그는 업무 중입니다.

__ __ __ ____ .

기한을 나타내는 전치사
by/until

일상에서 아주 많이 쓰는 기한을 나타내는 전치사 by와 until은 어떤 차이점이 있을까요. by는 '기한 내 완료/완성해야 하는 동작이나 상태'를 나타낼 때 쓰고, until은 '특정 시간까지 계속되는 동작이나 상태'를 말할 때 씁니다.

기한을 나타내는 by/until

	쓰임	계속성 여부
by	기한 내 끝내야 하는 동작/상태	×
until	기준점까지 계속되는 동작/상태	○

말하자면 until은 '일의 완성과는 상관없이 특정 시간까지 계속한다'라는 뉘앙스의 전치사입니다. 반면 by는 '계속해서 하지 않더라도 정해진 기한 안까지 완료한다'라는 뉘앙스입니다. 해석할 때 '계속'을 넣어 말이 되면 until, 아니면 by를 쓴다고 생각해도 좋습니다.

by와 until의 구분

I have to finish the work **by** 5 o'clock.
나는 그 일을 5시까지 끝내야 한다. → 계속이라는 말을 넣으면 어색함.

Let's wait **until** 5 o'clock.
5시까지 (계속) 기다리자.

I must be home by ten. ✓ ○ ○

I have to submit this application by Monday. * ○ ○ ○

You must pay back the money by the end of this month. ○ ○ ○

You can get the result by the beginning of the next year. ○ ○ ○

I think I can make it by then. ○ ○ ○

I want everything ready by tomorrow. ○ ○ ○

* submit 제출하다

난 10시까지 집에 가야 돼.
난 월요일까지 이 지원서를 제출해야 돼.
넌 이달 말까지 돈을 갚아야만 해.
내년 초까지는 당신이 결과를 받아 볼 수 있을 거예요.
내 생각에 그때까지 할 수 있을 것 같아.
내일까지 모든 것이 준비되길 바랍니다.

I lived there until I moved to Seoul. ○ ○ ○

I waited for her until she finished shopping. ○ ○ ○

I will stay in the hotel until May 27th. ○ ○ ○

The restaurant stays open until midnight. ○ ○ ○

I'll be in my office until 6 p.m. ○ ○ ○

I went to sleep at 3 a.m. and slept until 11 this morning. ○ ○ ○

난 서울로 이사하기 전까지 거기에서 살았어.
난 그녀가 쇼핑을 끝낼 때까지 기다렸다.
난 5월 27일까지 그 호텔에 묵을 거야.
그 식당은 자정까지 영업한다.
난 오후 6시까지 사무실에 있을 거야.
난 새벽 3시에 잠이 들어서 오늘 오전 11시까지 잤다.

01 난 월요일까지 이 지원서를 제출해야 돼.

I have to _____ **this application** __ _____ .

02 난 10시까지 집에 가야 돼.

I must __ ____ __ **ten.**

03 난 오후 6시까지 사무실에 있을 거야.

I'll be in my office _____ **6 p.m.**

04 내 생각에 그때까지 할 수 있을 것 같아.

I think I can ____ __ ____ .

05 난 서울로 이사하기 전까지 거기에서 살았어.

I lived there ____ __ ____ **to Seoul.**

06 내일까지 모든 것이 준비되길 바랍니다.

I want everything ____ __ _____ .

07 난 5월 27일까지 그 호텔에 묵을 거야.

I will stay in the hotel ____ ____ ____ .

60 기간을 나타내는 전치사

for/during/while

'~동안'이라는 기간을 나타내는 대표적 전치사로는 for과 during이 있습니다. 각각 [for+숫자+명사], [during+기간명사] 형태로 표현합니다. 또 while도 '~동안'이라는 뜻을 가지고 있는데, 접속사이기 때문에 뒤에 [주어+동사]로 이루어진 절이 옵니다. 단, while 뒤에 [주어+be동사]는 생략할 수도 있습니다.

시간/기간을 나타내는 전치사

~동안	**for** +숫자+명사
	during +기간명사
	while +주어+동사

이 [주어+be동사] 생략에 대해 좀 더 살펴볼까요. while뿐 아니라 when, if가 들어간 시간·조건 부사절에서도 주절과 부사절의 주어가 같을 경우 부사절의 [주어+be동사]를 생략할 수 있습니다. if절에서 it이 비인칭주어일 경우에는 주절과 부사절의 주어가 다르더라도 [it+be동사]는 생략 가능합니다. 단, 두 경우 모두 부사절의 동사가 be동사여야 합니다.

부사절의 [주어+동사] 생략

→ 동일 주어+be동사

He fell asleep, **while** (he was) watching TV.

그는 TV를 보다가 잠이 들었다.

→ 비인칭주어 it+be동사

If (it is) possible, I'd like to have green tea.

가능하다면, 전 녹차를 마시고 싶네요.

He is out for a moment. ✔ ○ ○

I usually work out for at least three hours a week.	○ ○ ○
I traveled to Europe with a group for five days last year.	○ ○ ○
He stayed there for six months.	○ ○ ○

그는 잠시 외출 중입니다.
난 보통 적어도 일주일에 3시간은 운동을 해.
난 지난해 단체로 5일 동안 유럽을 여행했다.
그는 거기에 6개월 동안 머물렀다.

He dozed off during the meeting. * ○ ○ ○

Prices are usually high during the peak season.	○ ○ ○
I met various people during a trip.	○ ○ ○
My skin gets dry easily during the winter.	○ ○ ○

* doze off 깜박 잠이 들다

그는 회의 중에 졸았다.
보통 성수기에는 물가가 오른다.
난 여행하는 동안 다양한 사람들을 만났어.
내 피부는 겨울에 쉽게 건조해져.

I cut my finger while I was cooking. ○ ○ ○

I paid a monthly rent while I was living there.	○ ○ ○
Please, take care of my baby while I'm out.	○ ○ ○
I will visit my uncle while I'm staying in New York.	○ ○ ○

나 요리하는 도중에 손가락을 베었어.
난 거기에 사는 동안 월세를 냈다.
제가 없는 동안 아기를 좀 봐 주세요.
난 뉴욕에 머무는 동안 삼촌을 만날 거야.

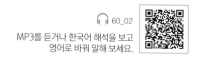

01 그는 잠시 외출 중입니다.

He is ___ ___ ___ .

02 그는 거기에 6개월 동안 머물렀다.

He stayed there ___ ___ ___ .

03 그는 회의 중에 졸았다.

He ___ ___ ___ the meeting.

04 난 여행하는 동안 다양한 사람들을 만났어.

I met various people ___ ___ ___ .

05 나 요리하는 도중에 손가락을 베었어.

I cut my finger ___ ___ ___ .

06 제가 없는 동안 아기를 좀 봐 주세요.

Please, take care of my baby ___ ___ ___ .

07 내 피부는 겨울에 쉽게 건조해져.

My skin gets dry easily ___ ___ ___ .